VERBORGENE WELTEN

Bildnachweis
6-7: Hintergrund: pixabay; 6 l.u.: pixabay; 10 u.: NN; 10 o.: pixabay; 11 Hintergrund: pixabay/Compo: RA; 13 o.: shutterstock/Hurst Photo; 13 u.: Unsplash/Green Chameleon; 16 im Kreis: pixabay/raincarnation40; 18 o.: shutterstock/Red Squirrel; 31 u.: shutterstock/A.von Dueren; 33 o.: shutterstock/Debbie Steinhausser; 36 1.v.l.: Unsplash/Simon Moog; 36 2.v.l.: Unsplash/Ed van Duijn; 36 3.v.l.: shutterstock/lukaszsokol; 36 4.v.l.: pixabay/John Cox; 37 1.v.l.: shutterstock/Bildagentur Zoonar GmbH; 37 2.v.l.: Unsplash/Giuseppe Martini; 37 3.v.l.: wp; 37 4.v.l.: Unsplash/Max Saeling; 39 o.: shutterstock/cr8moments; 40 u.: pixabay/Pixel-mixer; 40 o.: Biodiversity Heritage Library/pd; 49 u.: shutterstock/Mikhail Semenov; 51 u.: shutterstock/SashaS Skvortcova; 53 u.: Unsplash/Eva Blue; 55 u.: shutterstock/Jan Havlicek; 58 1.v.o.: shutterstock/halitomer; 58 2.v.o.: wp/HeartSpoon; 58 3.v.o.: shutterstock/anetapics; 58 4.v.o.: wp/Casabianca06; 58 5.v.o.: shutterstock/susanna cesareo; 59 im Kreis: shutterstock/Paul McKinnon; 60 o.: wp/John Everett Millais/pd; 60 M.: NN; 60 u.: wp/pd; 61 r.o.: wp/CNG; 61 M.: wp; 61 l.u.: wp/pd; 61 r.u.: pd; 62 u.: pd; 63 o.: wp/pd; 63 M.l.: pd/pd; 63 M.r.: pd/pd; 63 l.u.: wp/Heinrich Leutemann/Carl Offterdinger; 63 r.u.: NN; 64 u. groß: shutterstock/Aleksei Zakirov; 64 u.klein: shutterstock/Popova Valeriya; 67 l.o.: shutterstock/otsphoto; 67 r.o.: shutterstock/karen crewe; 70 o.: NN; 75 o.: pixabay; 84: shutterstock/VaLiza; 86 o.: pixabay; 87 o.: Unsplash/Rawpixel

Konzept und Text: Kristina Scharmacher-Schreiber
Konzept und Lektorat: Elena Bruns
Illustrationen: Ferruccio Cucchiarini, Apecchio
Layout-Konzeption und Typographie: Raffaele Anello, Berlin
Projektkoordination und -abwicklung: interconcept medienagentur, München
Druckvorstufe: Editors Genie | Udo Rehmann, Feldafing
Druck und Bindung: NEOGRAFIA, a.s., Martin-Priekopa
Printed in: Slovakia

MIX
Papier aus verantwortungsvollen Quellen
FSC® C020353
FSC www.fsc.org

ISBN: 978-3-96808-001-7

Nachdruck	Druckjahr
5 4 3 2 1	2023 2022 2021 2020

KRISTINA SCHARMACHER-SCHREIBER

Verborgene Welt der WÖLFE

Illustrationen
Ferruccio Cucchiarini

SOPHIE Verlag

INHALT

Ich war hellwach und wälzte mich unruhig von einer Seite zur anderen. Warum konnte ich bloß nicht einschlafen?

Ein wenig unheimlich war sie ja, die dunkle Nacht da draußen, ohne die Lichter der Stadt. Klar, wir waren bloß auf einer Wiese am Rande eines Dorfs und nicht mitten in der Wildnis. Aber trotzdem. Gleich hinter den Zelten lag ein tiefer Wald. Am Tag, in der Frühlingssonne, hatte er richtig freundlich ausgesehen, mit seinem saftig grünen Laub, durch das die Vögel hüpften. Aber jetzt? Überall knackte und raschelte es. Der Wind war stärker geworden und rüttelte an der Zeltwand. Und da hörte ich es plötzlich: ein lang gezogenes Heulen. Was war das? Doch nicht der Wind?

Mein Herz begann zu rasen. Nein. Das Heulen da draußen kam nicht vom Wind. Es klang gespenstisch, aber gleichzeitig auch wunderschön, so wie ein trauriges Lied. Dann verstummte es plötzlich. Ein Schauer lief mir über den Rücken und ich zog den Schlafsack ganz weit hoch, bis über meine Nasenspitze.

Hatte Herr Rüdel nicht vorhin von einem Wolf erzählt, den Spaziergänger im Wald gesehen haben wollten? Aber das war doch viele, viele Kilometer weit entfernt gewesen, das Heulen konnte unmöglich von ihm stammen. Oder doch? „Wie weit kann so ein Wolf bloß laufen?“, fragte ich mich.

„Das ist bestimmt nur ein Hund aus dem Dorf“, versuchte ich mich selbst zu beruhigen. Aber das Bild eines Wolfs, der dort draußen nach seinem Rudel rief, wollte mir nicht aus dem Kopf gehen. Ich musste an die Märchen denken, denen ich als Kind so gern gelauscht hatte. Schnell versuchte ich, die Gedanken an den bösen Wolf zu verscheuchen. Und die Vorstellung von unheimlichen Wesen, die bei Vollmond durch die Wälder streifen, halb Mensch und halb Wolf, erst recht.

Irgendwann war ich doch noch eingeschlafen. Als ich wieder aufwachte, hatte die aufgehende Frühlingssonne unser Zelt erwärmt und man konnte die Vögel um die Wette zwitschern hören.
Ich krabbelte blinzelnd nach draußen und blickte über das vom Morgentau glitzernde Gras hinüber zum Wald. Hatte ich nur geträumt oder war da wirklich ein Wolf gewesen?

Die anderen saßen schon vor ihren Zelten und waren dabei, ihre Frühstücksbrote zu verspeisen. Ein wenig unsicher erzählte ich von dem geheimnisvollen Heulen, aber niemand hatte etwas gehört. Trotzdem fingen alle an, aufgeregt durcheinanderzureden. „Aber Nele, du hättest mich doch wecken können“, rief Marie, die mit mir in einem Zelt geschlafen hatte. „Bist du sicher, dass es ein Wolf war?“

„Ich kenn mich gut mit Hunden aus, da muss ich bestimmt keine Angst vor Wölfen haben“, meinte Lena.

„Die fressen doch keine Menschen, oder?“, fragte Finn und Titus wollte wissen: „Wie muss man sich eigentlich verhalten, wenn man einem Wolf begegnet?“

Da hatte ich eine Idee! Wozu schrieb ich gelegentlich Artikel für die Kinderbeilage unserer Lokalzeitung? „Wisst ihr was“, sagte ich, und plötzlich war auch der letzte Rest mulmigen Gefühls von letzter Nacht verflogen, „ich find’s heraus!“

UNTERWEGS IM REVIER

Die Nacht ist windig und sternenklar. Das weiße Mondlicht fällt durch die Zweige der Bäume auf den weichen Waldboden. Viele Lebewesen des Waldes sind hellwach. Gerade jetzt im Frühling knistert und raschelt es in allen Ecken. Die leuchtenden Augen einer Eule blitzen durch die Dunkelheit, eine Fledermaus saust durch die Baumwipfel und irgendwo trippelt ein Igel durchs Laub. Oder ist es eine Maus? Auch ein junger Wolf streift in dieser Mainacht aufmerksam durch das Unterholz, sein graues Fell glänzt im Mondschein. Neugierig schnuppert er und saugt mit seiner empfindlichen Nase die frische Nachtluft ein. Überall riecht es nach Frühling! Seit einer ganzen Weile ist der junge Wolf nun schon unterwegs, hat sich am Abend auf den Weg gemacht, um die Umgebung zu erkunden. Heute fühlt er sich besonders mutig, ist immer weitergelaufen und unbekümmert über jeden Stock und jeden Stein gesprungen.

SPANNENDER STREIFZUG

Als der junge Wolf am Waldrand, ganz nahe an der Grenze des Reviers seines Rudels, angekommen ist, lässt er sich stolz auf die Hinterbeine fallen. So weit weg von seiner Familie war er noch nie. Und er fürchtet sich überhaupt nicht, dieser Platz gefällt ihm richtig gut. Staunend schaut er durch die Bäume über Felder und Wiesen, bis hin zu den Lichtern eines nahen Dorfs. Das muss er seinen Geschwistern und Eltern berichten! Der Wolf heult, so laut er kann.

EUROPÄISCHER WOLF (CANIS LUPUS LUPUS)

AUCH EURASISCHER WOLF ODER GRAUWOLF GENANNT

In freier Wildbahn können Wölfe etwa 7 bis 12 Jahre alt werden, in Gefangenschaft bis zu 18 Jahre.

Lebensraum

Wölfe sind sehr anpassungsfähig. Sie können in Schnee und Eis ebenso überleben wie in der Wüste. Häufig siedeln sie sich in waldreichen Regionen mit großem Nahrungsangebot an.

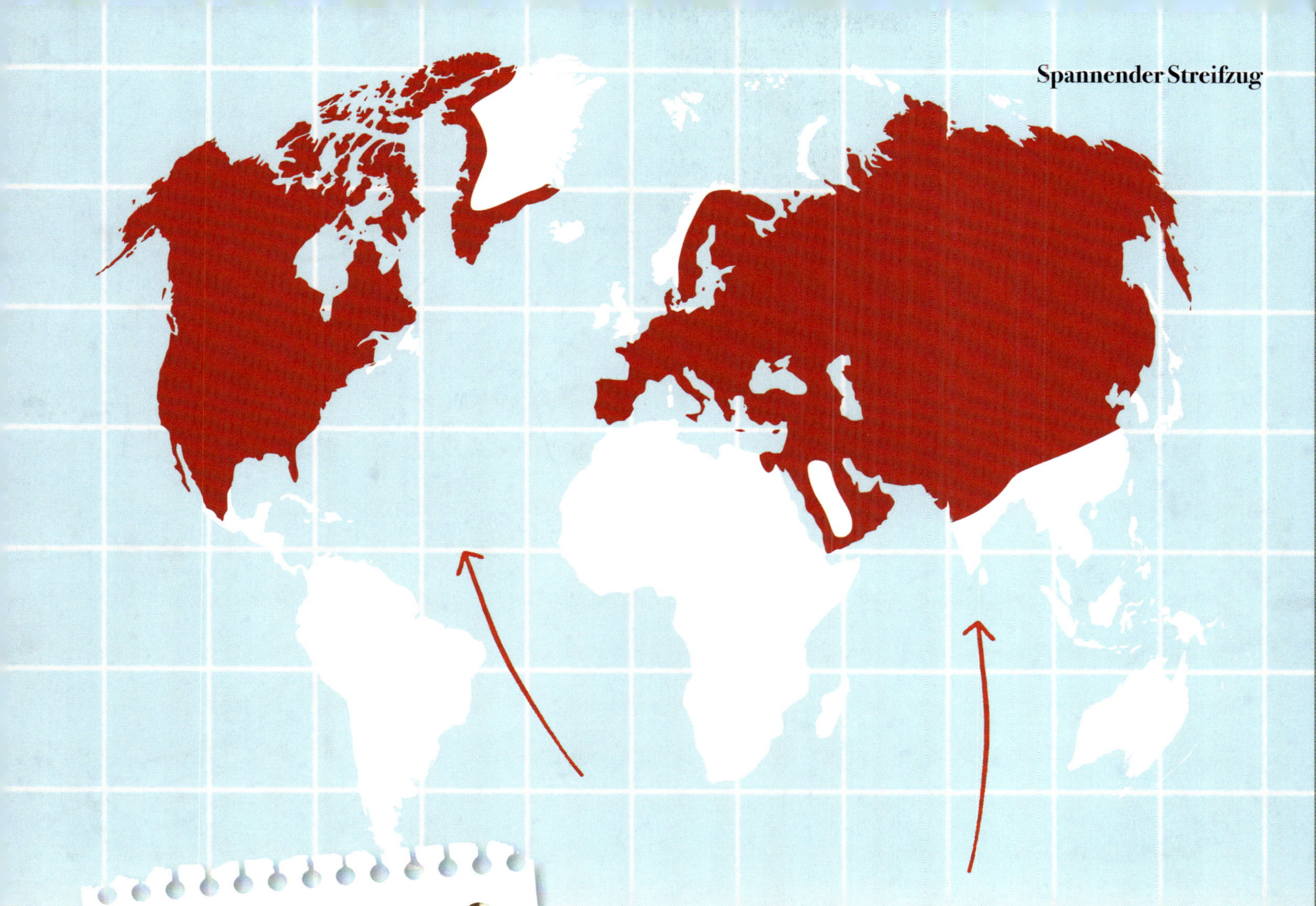

Verbreitung

Bis sie teilweise ausgerottet wurden, bevölkerten Wölfe die gesamte Nordhalbkugel der Erde. Seit einigen Jahren kehren sie zurück.

WÖLFE LEBEN VOR ALLEM IN NORDAMERIKA, EUROPA UND ASIEN

Plötzlich bemerkt der junge Wolf etwas Ungewöhnliches. Was ist denn das für ein Geruch? Er hält die Nase in den Wind und schnuppert konzentriert. Sind irgendwo hier draußen etwa Menschen? Gespannt, aber auch sehr vorsichtig, läuft er wieder los, immer dem Duft nach. Nach einer Weile kommt er in die Nähe einer Wiese. Jetzt ist er sich ganz sicher: Dort drüben schlafen Menschen. Der junge Wolf stellt seine empfindlichen Ohren auf. Und nun kann er die Menschen auch rascheln und schnarchen hören.

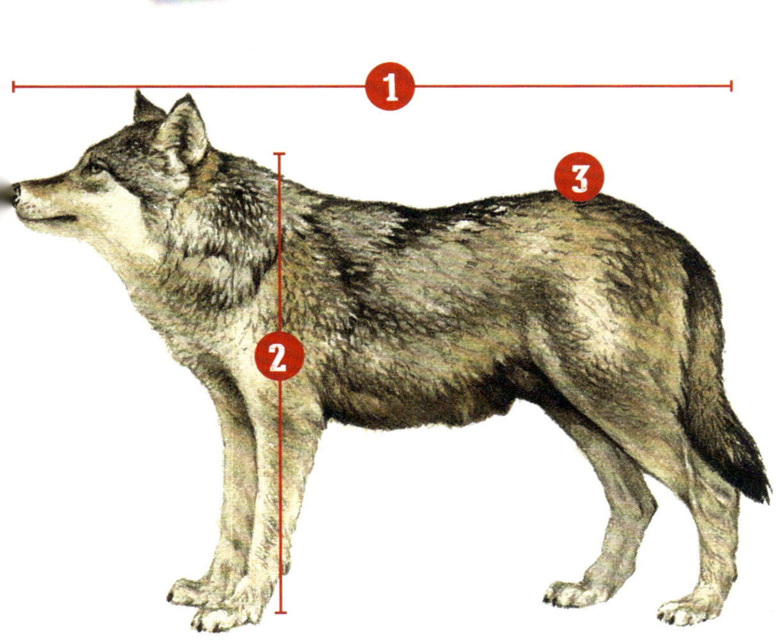

1 *Kopf-Rumpf-Länge 110 bis 140 cm*
2 *Schulterhöhe 70 bis 90 cm*
3 *Graues oder graubraunes Fell*

Wölfe können das Heulen eines Artgenossen bis zu 10 Kilometer weit hören.

SCHEUE WESEN

Vollkommen lautlos verharrt der junge Wolf auf einer Waldlichtung. Von hier aus kann er die Wiese gut beobachten. Was tun die Menschen dort bloß? Nur zu gern würde er ein wenig näher herangehen. Neugierig macht er einige Schritte in ihre Richtung. Aber nein. Er kehrt lieber um. Um zur Wiese zu gelangen, müsste er die Grenzen seines Reviers übertreten, und das traut er sich nicht, so ganz allein. Außerdem sind ihm diese Wesen, die Menschen, im Grunde ziemlich unheimlich.

1 *Durchblick auch bei Nacht*
2 *Empfindliche Ohren*
3 *Ausgeprägter Geruchssinn*

Wolfsheulen ist Kommunikation

Der Wolf teilt damit seinem Rudel zum Beispiel mit, wo er sich gerade befindet. Er kann mit dem Heulen aber auch fremde Wölfe davor warnen, näher zu kommen.

Der junge Wolf kennt die Menschen kaum und hält sich lieber von ihnen fern. Einmal hat er heimlich einige Spaziergänger beobachtet, ganz tief im Wald, aber das waren die einzigen Menschen, die er jemals gesehen hat.
Er ruft noch einmal nach seinen Eltern und seinen Geschwistern. Aus der Ferne erhält er eine Antwort. Der junge Wolf freut sich und läuft nach einem letzten Blick in Richtung der Zelte schnell zurück nach Hause.

Lange Strecken legen Wölfe oft im sogenannten geschnürten Trab zurück.

UNTERSCHIEDLICHE GANGARTEN

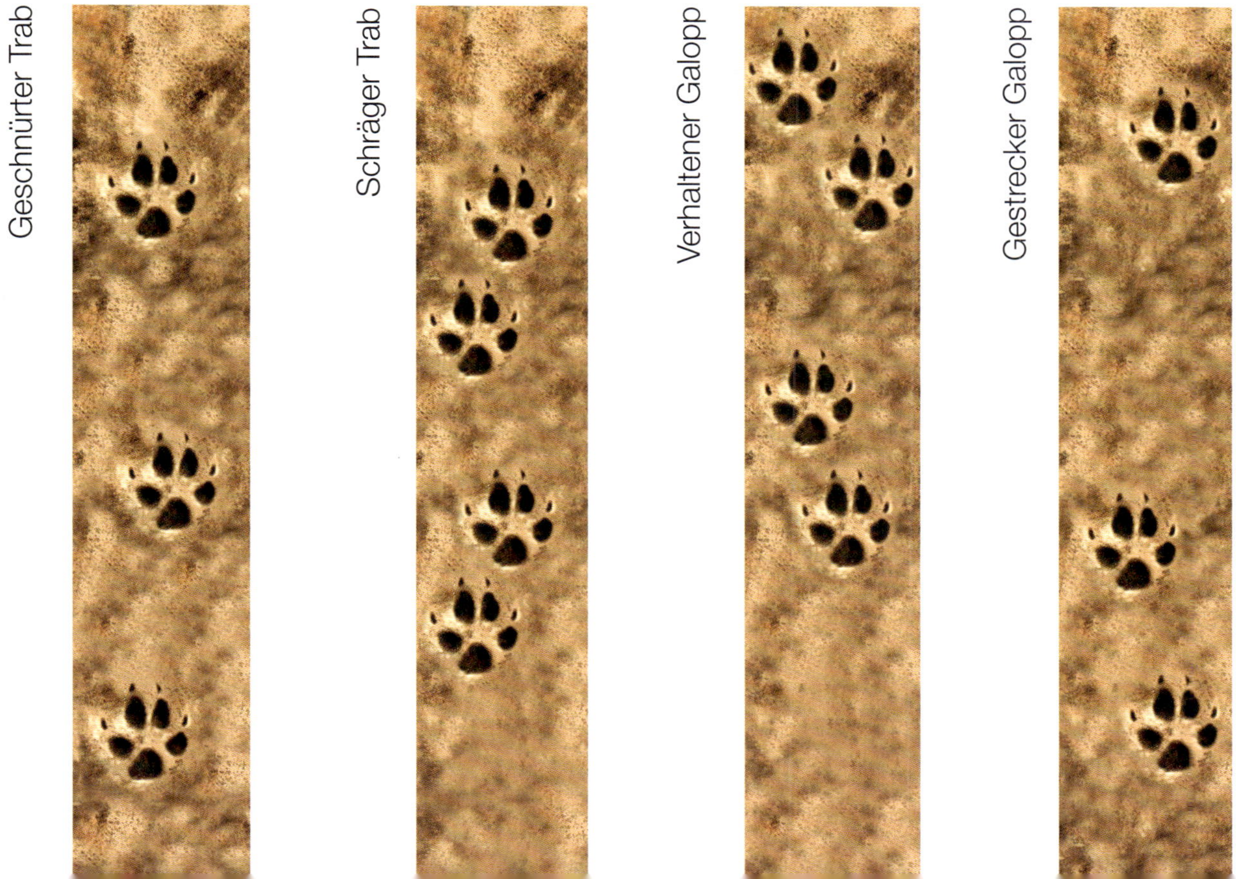

DAS RUDEL

Es war eine lange Nacht. Als der junge Wolf nach seinem Streifzug durch das Revier bei seiner Familie ankommt, ist die Sonne bereits aufgegangen. Irgendwann wird er nicht mehr von seinen Wanderungen zurückkehren.
Er wird sich ein Weibchen suchen, um seine eigene Familie, sein eigenes Rudel, zu gründen. Immerhin ist er schon über ein Jahr alt. Aber nun begrüßt er erst einmal fröhlich seine Geschwister.

WOLFSFAMILIE

Die Geschwister tollen auf einer Waldlichtung herum, gut geschützt durch hohe Bäume. Die Schwester des jungen Wolfs springt ausgelassen über kleine Felsen, während seine beiden Brüder auf den jungen Wolf zustürmen und sofort mit ihm balgen wollen. Aber er geht zuerst hinüber zu seinem Vater, der seinen fast erwachsenen Kindern entspannt beim Spielen zusieht. Leicht geduckt und voller Respekt leckt der junge Wolf ihm über die Schnauze. Der Vater ist gemeinsam mit der Mutter das Familienoberhaupt, ein prächtiger Rüde. Die Mutter hat nur ganz kurz nach dem Rechten gesehen, nun läuft sie schnell zurück zu ihren Welpen, die gerade in einer Höhle ganz in der Nähe schlafen.

Rudel

Ein Wolfsrudel ist so aufgebaut wie eine Menschenfamilie, es besteht aus Eltern und Kindern. Die Eltern führen die Familie an. Sie bleiben ein Leben lang zusammen und bekommen jährlich Nachwuchs.

WIE EINE MENSCHENFAMILIE

1 *Schwester des Wolfs*
2 *Unser Wolf*
3 *Vater des Wolfs*
4+5 *Brüder des Wolfs*

Vater mit Jährlingen, seinen fast erwachsenen Kindern. Weibliche Wölfe werden Fähen genannt, sie sind ein wenig kleiner als die männlichen Tiere, die Rüden.

Größe des Rudels

Wenn die jungen Wölfe etwa ein bis zwei Jahre alt sind, wandern sie ab und gründen ihre eigene Familie. Deshalb bleibt die Größe des Rudels im Durchschnitt immer ungefähr gleich, auch wenn neue Welpen hinzukommen.

FAMILIENLEBEN

Ein wenig tobt der junge Wolf noch mit seiner Schwester und den Brüdern, dann werden sie müde. Alles scheint ruhig und friedlich zu sein – das ist die Gelegenheit für ein Nickerchen. Hinter einem Baumstamm, der im letzten großen Wintersturm umgeknickt und auf dem Waldboden liegen geblieben ist, finden sie eine flache Mulde, die etwas Schutz bietet. Hier gefällt es den jungen Tieren. Eng kuscheln sie sich aneinander und schlafen bald ein. Nur der Vater geht hinüber zu der gut versteckten Wurfhöhle, in der die Mutter des jungen Wolfs vor einigen Wochen sechs neue Familienmitglieder zur Welt gebracht hat.

Tagträumer

Wölfe sind überwiegend dämmerungs- und nachtaktiv. Tagsüber schlafen sie immer wieder, um sich von ihren kräftezehrenden Streifzügen auszuruhen. Manchmal müssen Wölfe tagelang jagen, bevor sie eine Beute erlegen.

Durch ausgedehnte Ruhepausen sparen Wölfe Energie.

WÖLFE SCHLAFEN GERN IN DER GRUPPE

Nach einer Weile öffnet der junge Wolf langsam wieder die Augen, eines nach dem anderen. Noch ist er nicht richtig wach. Seine Geschwister liegen ganz ruhig da und schnauben leise im Schlaf. Er reckt und streckt sich. Die Sonne steht schon hoch am Himmel, er muss lange geschlafen haben. Vorsichtig stupst er die anderen mit der Schnauze an. Aufstehen! Langsam kommt Leben in die Gruppe, und nachdem alle noch einmal ausgiebig gegähnt haben, erheben sie sich.

WIE WÖLFE MITEINANDER SPRECHEN

Nun wird erst einmal wieder getobt und getollt. Die Geschwister knabbern mal mehr, mal weniger vorsichtig am Fell des anderen, stupsen sich an, laufen umeinander herum, jagen sich gegenseitig Stöcke ab. Da springt plötzlich die Schwester dem jungen Wolf mit voller Kraft auf den Rücken. Autsch, das tat weh! Nun wird es dem jungen Wolf zu viel. Er knurrt, dabei bleckt er leicht die Zähne. Die Wölfin duckt sich kurz und zeigt: Sie wollte nur spielen und ihrem Bruder nicht wehtun! Damit ist die Sache erledigt.

Junge Wölfe lernen beim Spielen das richtige Verhalten gegenüber Artgenossen und in der Gruppe. Spielen stärkt den Zusammenhalt des Rudels.

Kommunikation

Wölfe sind sehr soziale Tiere und „sprechen" miteinander. Das tun sie durch Laute wie Heulen, Bellen und Knurren wie auch durch Körperhaltung, Gesichtsausdruck und sogar durch ihren Duft.

LERNEN BEIM SPIELEN

Aufmerksames Leitpaar

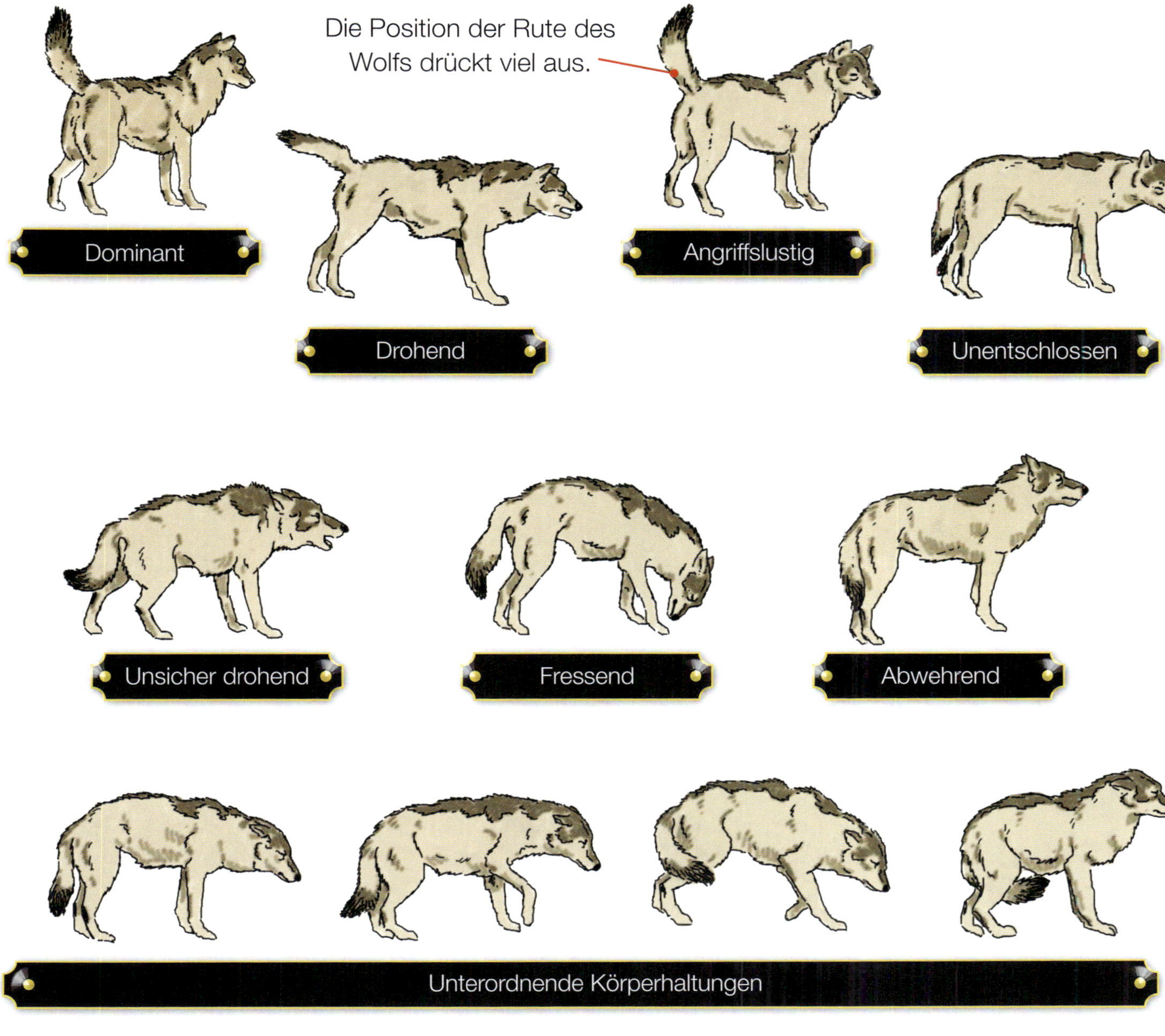

Der Vater ist bei der Mutter und den Welpen, hat aber auch seine Jährlinge nicht aus den Augen gelassen.

VOR DER WURFHÖHLE

Der junge Wolf hat genug vom Spiel mit seiner Schwester und seinen Brüdern. Schließlich sind sie nicht die einzigen Rudelmitglieder. Er möchte jetzt wissen, wie es seiner Mutter und den Welpen geht, die sie vor einigen Wochen zur Welt gebracht hat. Sie ist mit dem Familienzuwachs vor ein paar Tagen aus ihrem Unterschlupf unter einer Baumwurzel in eine andere Höhle gezogen. Das tut sie immer wieder, denn es wäre nicht auszudenken, wenn andere Tiere die Welpen bemerkten und für leichte Beute hielten! Aber dafür, dass ihnen niemand zu nahe kommen kann, sorgt neben dem Vater und der Mutter auch der junge Wolf selbst.

Babysitter

Nicht nur die Eltern, sondern auch die anderen Wölfe der Familie kümmern sich liebevoll um die Welpen.

DAS TRAGEN TUT DEN WELPEN NICHT WEH

Die Kleinen tapsen gerade vor der Höhle herum, sorgsam beobachtet von den Eltern. Der junge Wolf leckt einem der Welpen zärtlich über das Fell. Halt, da verschwindet ein besonders wagemutiger kleiner Geselle hinter dem nächsten Gebüsch. Das ist viel zu weit weg! Flink läuft der junge Wolf dem Welpen nach, greift ihn vorsichtig mit den Zähnen und trägt ihn wieder zurück in die sichere Mitte des Rudels.

Die Wölfin bringt die Welpen in einer gut versteckten Höhle zur Welt. Dort sind sie vor Feinden wie Bären oder Luchsen geschützt.

WELPENFÜTTERUNG

Die Welpen laufen winselnd zu ihrer Mutter und lecken sich immer wieder über die Schnauzen. Sie haben Hunger. Gleich wird sie mit den Kleinen in der Höhle verschwinden, um sie zu säugen. Die Welpen haben aber auch schon ihr erstes Fleisch gefressen, ein wenig von dem Hasen, den der Vater vor einigen Tagen erbeutet hat. Einen Teil des bereits verspeisten Fleisches hat er für seine Jungen nach der Rückkehr von der Jagd hochgewürgt, damit sie probieren konnten.

Der Wolf weiß, dass niemand die Höhle der Welpen betreten darf. Also zieht er sich zurück und setzt sich auf einen kleinen Hügel in der Nähe ihres Eingangs. Hier hat er alles gut im Blick und kann darauf achtgeben, dass niemand die Kleinen beim Trinken stört.

Leitwölfe

In einem Rudel paaren sich nur der Leitwolf und die Leitwölfin und zeugen Nachwuchs. Nach einer Tragzeit von etwa zwei Monaten kommen vier bis acht Welpen zur Welt.

Vollwertige Rudelmitglieder

Mit etwa sechs Monaten haben die Welpen gelernt, zu jagen und sich im Rudel richtig zu verhalten. Dann dürfen sie die anderen Wölfe zum ersten Mal bei der Jagd begleiten.

Welpen lecken an den Schnauzen der erwachsenen Tiere, damit diese gefressenes Fleisch für sie wieder hochwürgen.

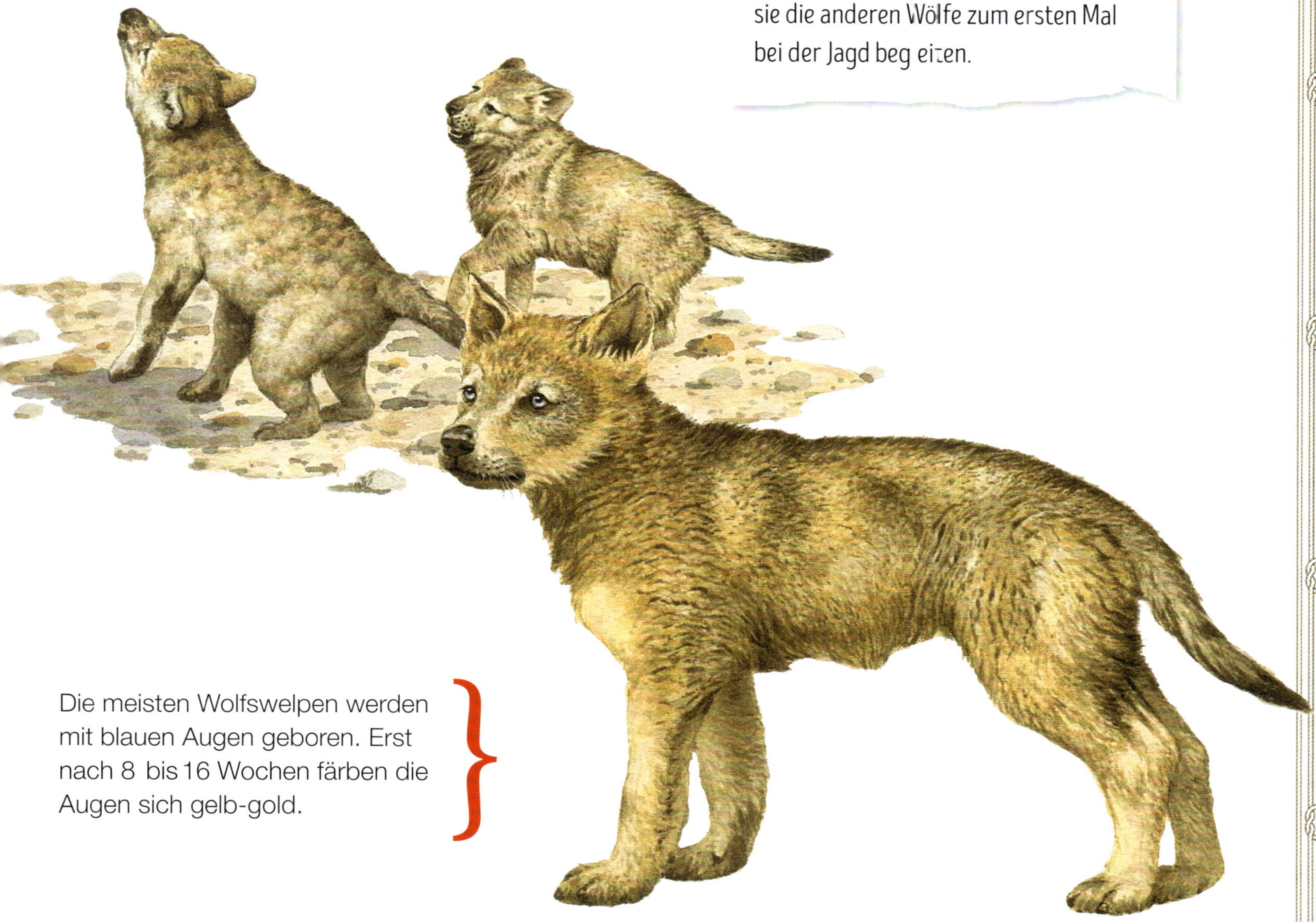

Die meisten Wolfswelpen werden mit blauen Augen geboren. Erst nach 8 bis 16 Wochen färben die Augen sich gelb-gold.

DIE JAGD

Es ist Herbst geworden. Nachts zieht oft dichter Nebel durch den Wald, aber bei Tag leuchten die Bäume in herrlichen Farben und unter den Pfoten des jungen Wolfs knistert das herabgefallene Laub.

Während die Sonne langsam untergeht, hat sich das Rudel auf einer Waldlichtung versammelt. Die Welpen spielen in der Nähe miteinander. Sie sind nun schon richtig groß geworden und brauchen fast genauso viel Fleisch wie die anderen Wölfe. Der junge Wolf gähnt und beschließt, ein Schläfchen zu machen. Gerade will er sich einen gemütlichen Platz suchen, da legt der Vater den Kopf zurück und heult laut. Sofort ist der junge Wolf wieder hellwach und stimmt aufgeregt in das Geheul ein. Gut, dann schläft er eben später. Denn jetzt geht es auf die Jagd!

FLEISCHFRESSER

Ja, jetzt spürt der junge Wolf tatsächlich deutlich: Er hat Hunger! Sein Magen fühlt sich leer an, seit mehreren Tagen hat er kaum etwas gefressen. Normalerweise ist das kein Problem für ihn. Aber schon gestern war das Rudel hungrig zur Jagd aufgebrochen und schließlich so gut wie leer ausgegangen. Der mickrige Hase, den die Wölfe erwischt hatten, konnte das Rudel nicht satt machen. Schließlich müssen auch die jüngsten Mitglieder miternährt werden. Ein Wildschwein wäre jetzt schön oder ein Reh. Lange durchstreift der junge Wolf mit seinem Vater, den Brüdern und der Schwester den Wald. Wann würden sie endlich auf ein geeignetes Beutetier stoßen?

Wölfe gehören zur Gruppe der *Karnivoren*, das heißt, sie sind Fleischfresser.

SPEISEPLAN DES EUROPÄISCHEN WOLFS

1

2

3

4

Im Rudel stark

Wölfe jagen immer im Rudel. In Gegenden, in denen die Beutetiere besonders groß sind, bilden sich größere Rudel. Zum Beispiel in Nordamerika, wo Bisons oder Elche leben. Es braucht viele Wölfe, um so ein schweres Tier zu erlegen. Und umgekehrt kann ein großes Tier viele Wölfe ernähren.

In Gebieten mit sehr großen Beutetieren sind auch die Wolfsrudel größer.

1 *Reh*
2 *Wildschwein*
3 *Hase*
4 *Rothirsch*
5 *Kaninchen*
6 *Maus*
7 *Damhirsch*
8 *Nutria*

5

6

7

8

WITTERUNG AUFNEHMEN

Hochkonzentriert und aufmerksam suchen die Wölfe das Revier ab. Sie laufen, laufen und laufen. Der Vater trabt voraus, er führt sein Rudel auch bei der Jagd an.

Die Richtung wählt er nach dem Wind aus. Er geht der kühlen Herbstbrise entgegen, damit sie den Wölfen den Duft eines leckeren Tieres in die empfindlichen Nasen wehen kann.
Der junge Wolf und seine Geschwister stellen die Ohren auf: Hört man irgendwo im Gebüsch ein Tier rascheln? Sie sehen nach unten: Sind auf dem weichen Waldboden Spuren von Hufen oder Pfoten zu erkennen? Ihre Geduld wird ganz schön auf die Probe gestellt. Aber da strecken sie plötzlich die Nasen in den Wind, schnüffeln dann intensiv am Boden und schauen sich gespannt an. Sie alle wittern es: Ganz in der Nähe sind Rehe!

Riecht es hier nach Reh?

WÖLFE KÖNNEN AM TAG 50 BIS 75 KM ZURÜCKLEGEN

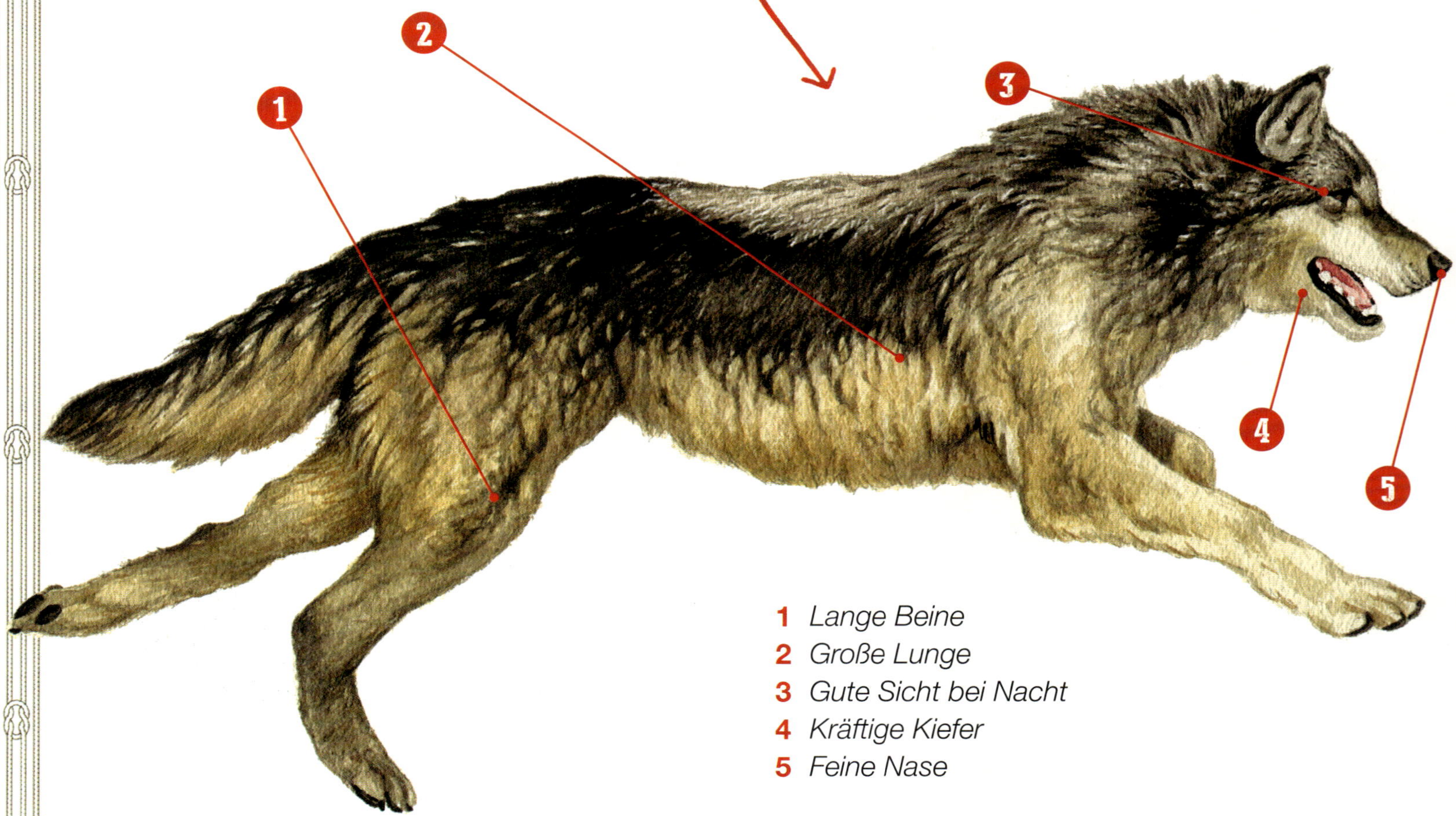

1 *Lange Beine*
2 *Große Lunge*
3 *Gute Sicht bei Nacht*
4 *Kräftige Kiefer*
5 *Feine Nase*

Rehspuren

Ausgeprägter Geruchssinn

Die Nase eines Wolfs ist etwa 100 bis 1 000 Mal empfindlicher als die eines Menschen. Wölfe können ein Beutetier aus bis zu 3 Kilometern Entfernung wittern.

AN DIE BEUTE ANSCHLEICHEN

Am liebsten würde der junge Wolf auf der Stelle losstürmen, so hungrig hat ihn der appetitliche Duft der Rehe gemacht. Aber der Vater hält ihn zurück. Nur die Ruhe bewahren, sie müssen jetzt klug handeln, damit ihnen die kostbare Beute nicht entwischt! Der junge Wolf gehorcht sofort und zügelt sich. Sie nehmen die Fährte auf. Ganz langsam und mucksmäuschenstill schleicht das Rudel dem Wildgeruch nach.

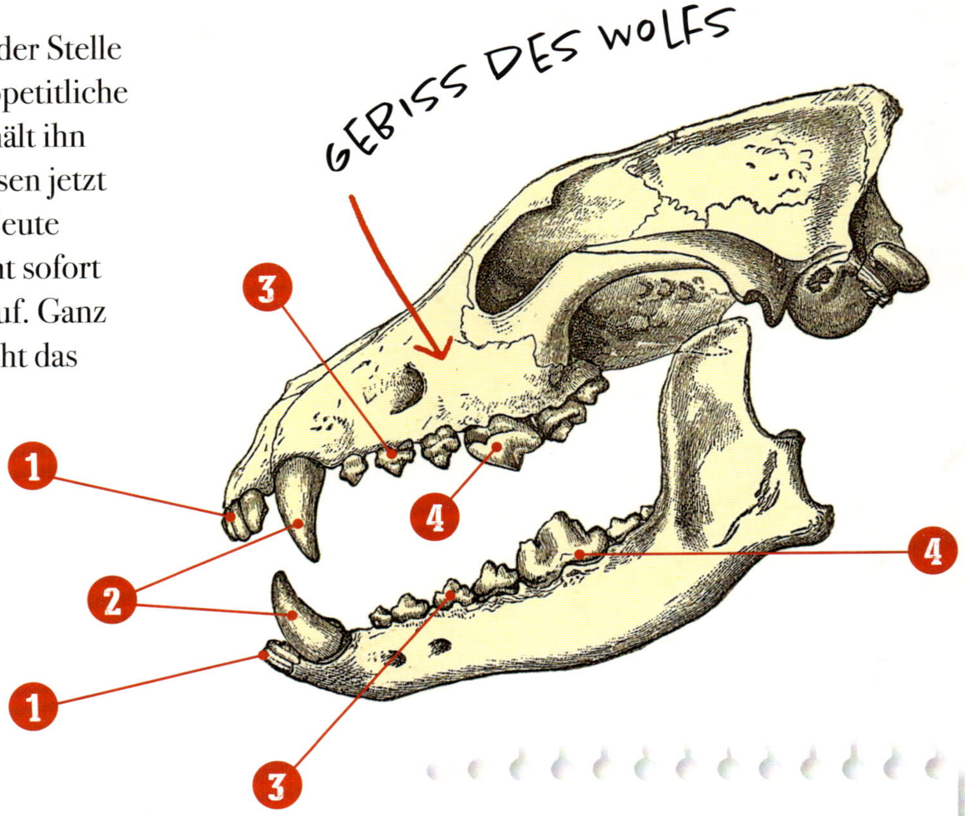

1 *Schneidezahn*
2 *Eckzahn/Fangzahn*
3 *Backenzahn*
4 *Reißzahn*

Wölfe nähern sich ihrer Beute stets gegen den Wind, damit diese nicht durch den Wolfsgeruch gewarnt wird.

Ohne Kauen

Wölfe kauen ihr Fressen nicht, sondern reißen mit ihren scharfen Reißzähnen Fleischstücke ab und schlucken sie im Ganzen herunter.

Da drüben, auf der Waldlichtung, sehen sie sie: einige äsende Rehe. Die Wölfe sind ein eingespieltes Team, jeder weiß, was jetzt zu tun ist. Sie beginnen, die Rehe aus einiger Entfernung einzukreisen. Der junge Wolf bleibt mit dem Vater und seiner Schwester zurück, während seine Brüder sich auf den Weg zur anderen Seite der Lichtung machen. Nun heißt es: beobachten und den richtigen Moment abwarten.

Die Jagd auf große Huftiere wie Elche oder Moschusochsen, die im hohen Norden Amerikas oder Europas vorkommen, kann für Wölfe gefährlich werden.

Gesundes Ökosystem

Wölfe wählen als Beute oft schwache, kranke oder verletzte Tiere aus und tragen so zu einem gesunden Ökosystem bei.

Ein Wolf kann ein Tempo von bis zu 60 Stundenkilometern erreichen und fast jedes Beutetier einholen. Bevor sie losrennen, nähern Wölfe sich der Beute aber so weit wie möglich.

Gemeinsam verfolgen die Wölfe das langsamste Reh der Herde. Wann kommt der richtige Moment, um das Tier niederzureißen?

BEUTE AUSWÄHLEN

Noch bevor die Brüder des jungen Wolfs auf der anderen Seite der Lichtung ankommen, heben die Rehe plötzlich die Köpfe. Sie haben die lauernden Wölfe bemerkt, denn auch sie besitzen einen feinen Geruchssinn. Panisch beginnen sie zu flüchten. Der junge Wolf sprintet los, neben ihm der Vater. Die Rehe sind flink und bewegen sich mit ihren schlanken hohen Beinen scheinbar mühelos auf dem holprigen Waldboden. Obwohl die Wölfe sehr schnelle Läufer sind, werden sie die hohe Geschwindigkeit nicht lange durchhalten können. Schnell müssen sie sich einigen, welches der Tiere sie angreifen sollen.

Da entdeckt der Vater ein Reh, das etwas langsamer läuft als die anderen. Er heftet sich an seine Fersen. Und tatsächlich: Es scheint an einem Bein eine ältere, schlecht verheilte Verletzung zu haben. Mit aller Kraft beschleunigt der junge Wolf noch einmal sein Tempo, um auf die andere Seite des Rehs zu gelangen. Die Geschwister lassen von den restlichen fliehenden Tieren ab und kommen ihm und seinem Vater zu Hilfe. Das lahmende Reh sitzt in der Falle.

Strategische Jäger

Die Wölfe beherrschen verschiedene Jagdtechniken. Zum Beispiel können sie ihre Opfer gezielt in Richtung lauernder Rudelmitglieder hetzen, die dann überraschend von vorn angreifen.

ANSTRENGENDE JAGD

BEUTE ERLEGEN

Großer Magen

Wölfe brauchen jeden Tag 2 bis 4 Kilogramm Fleisch. Sie können aber auch einige Tage lang ganz ohne Nahrung auskommen.

Der Vater packt zu und vergräbt seine Zähne in einem Hinterbein des Beutetieres. Jetzt kann es nicht mehr rennen. Der junge Wolf springt hoch, um das panische Reh am Hals zu packen. Gemeinsam reißen sie es zu Boden. Auch die Geschwister stürzen sich auf das Tier. Dabei müssen sie aufpassen, dass sie nicht durch einen Tritt verletzt werden, denn noch wehrt sich das Reh. Irgendwann gibt es schließlich auf. Die Wölfe waren stärker.
Es ist vollbracht. Erschöpft betrachten die Wölfe die verblutende Kreatur. Sie sind zufrieden. Ihre Beute ist wohlgenährt und bietet allen Rudelmitgliedern ausreichend Futter. Endlich können sie ihren Hunger stillen. Der junge Wolf, seine Geschwister und der Vater stürzen sich auf das Tier und schlagen sich gierig die Bäuche voll. Wer weiß, vielleicht sind sie bei der nächsten Jagd weniger erfolgreich. Sie fressen aber nicht alles auf. Später werden sie mit den Jungen und der Mutter zurückkehren, damit auch die ihren Teil der Beute bekommen.

DER EINDRINGLING

Seit Wochen ist es bitterkalt und immer wieder rieseln aus den tief hängenden grauen Wolken zahllose weiße Flocken auf Bäume, Lichtungen und Wiesen. Eine dicke, glitzernde Schneeschicht überzieht die gesamte Landschaft. Im Wald ist es stiller als sonst. Nirgendwo summen und brummen Insekten, nur wenige Vögel zwitschern, viele der Tiere, die sonst im Unterholz scharren und rascheln oder auf den Bäumen umherklettern, halten Winterschlaf. Noch ist der Fluss nicht zugefroren, aber an seinem Rand hat sich bereits eine dünne Eisschicht gebildet.

EISIGER WINTER

Der junge Wolf springt übermütig in den tiefen Schnee, stöbert mit seiner Schnauze darin herum und wirbelt dabei eisige Brocken auf, die in Richtung seiner Geschwister fliegen. Auch die jüngsten Wölfe sind mittlerweile ausgewachsen. Es macht ihnen überhaupt nichts aus, durch das kalte Weiß zu toben. Alle Wölfe des Rudels tragen jetzt ihr dickes Winterfell, das sie gut vor Nässe und Kälte schützt.

Noch bemerken sie nicht, dass etwas weiter entfernt ein fremder Wolf im Wald umherstreift. Er ist allein und bei diesem Wetter fällt es ihm schwerer als sonst, ausreichend Nahrung zu finden. Hungrig tapst er durch das kalte Weiß und schnüffelt neugierig an der Reviergrenze des Rudels. Er zögert kurz. Dann dreht er um und läuft in eine andere Richtung davon.

Schutz vor Kälte

Wölfe werden in der kalten Jahreszeit von ihrem Winterfell gewärmt. Es ist dicker und länger als das Sommerfell und hat eine schützende Unterwolle.

Wölfe können sich an jede Jahreszeit gut anpassen. Im Winter wächst ihnen ein dichtes, wärmendes Fell.

Die Eltern haben sich, wie immer um diese Jahreszeit, zurückgezogen. Sie kümmern sich noch stärker als sonst umeinander. Der Vater folgt der Mutter auf Schritt und Tritt und lässt sie nicht aus den Augen. Es ist Paarungszeit. Manchmal scheinen die Eltern ihre Kinder sogar vertreiben zu wollen, wenn sie sich ihnen nähern. Der junge Wolf blickt zu ihnen herüber. Gerade liegen sie gemeinsam unter einem Baum und dösen, die buschigen Schwänze eng um Nasen und Füße gerollt, um sich zu wärmen.

Im Tiefschnee kommt ein Wolf nur sprungweise voran.

Einmal im Jahr, im Winter, werden Wölfinnen läufig.

Ranzzeit

Im Spätwinter paaren sich die Leitwölfe des Rudels. Etwa zwei Monate später, im Frühling, kommen die Welpen zur Welt.

EIN FREMDER WOLF

Plötzlich hält der junge Wolf inne und stellt die Ohren auf. Auch seine Geschwister haben ihr Spiel unterbrochen und die Eltern sind aufgesprungen, um angespannt zu lauschen. Haben sie richtig gehört? Stammt das entfernte Heulen, das sie alle gleichzeitig vernommen haben, etwa von einem anderen Wolf? Tatsächlich, jetzt hören sie es noch einmal. Irgendwo im Wald muss ein Artgenosse unterwegs sein.

Nervös schaut der junge Wolf seine Geschwister an. Er ist noch nie einem Wolf begegnet, der nicht zu ihrem Rudel gehört. Da legen die Eltern die Köpfe zurück und beginnen, dem Fremden heulend zu antworten. Der junge Wolf und die restlichen Rudelmitglieder stimmen ein, sie heulen mit aller Kraft, so laut es nur geht. Hau ab, warnen sie, das ist unser Revier! Geh lieber weiter, denn in diesem Teil des Waldes herrschen wir allein!

In nördlichen Regionen Europas und Amerikas jagen Wölfe Rentiere.

Großes Revier

Die Größe des Territoriums richtet sich nach dem Nahrungsangebot. Es müssen ausreichend Beutetiere vorhanden sein, um ein Rudel zu ernähren. Im Durchschnitt ist ein Wolfsrevier in Europa etwa 250 Quadratkilometer groß.

Wölfe markieren ihr Revier mit Duftmarken.

REVIERGRENZEN

Herdenwanderung

Manchmal wandern Hauptbeutetiere über weite Strecken, zum Beispiel die Rentiere im hohen Norden. Dann wandern die Wölfe mit und das Revier vergrößert sich entsprechend.

Auch durch Heulen markieren Wölfe ihr Revier und warnen Eindringlinge.

REVIER MARKIEREN

Die Wölfe brechen auf, um ihr Revier zu durchstreifen. Die Grenzen müssen neu markiert werden, damit ganz klar ist, wer hier das Sagen hat. Die einige Tage alten, langsam schwächer werdenden Duftmarken am Rand des Territoriums werden durch frische ersetzt. Bäume, Steine und sämtliche Erhebungen sind dabei gute Plätze zum Urinieren, um jedem Eindringling klarzumachen: Bis hierher und nicht weiter!

Klare Grenzen

Normalerweise werden die Reviergrenzen anderer Wölfe respektiert und nur in Ausnahmefällen übertreten. Zum Beispiel, wenn ein Eindringling aus Hunger nicht von einem Beutetier ablassen will.

DIE DUFTMARKE EINES WOLFS IST WIE EIN FINGERABDRUCK

Währenddessen entfernt sich der junge Wolf immer weiter von den anderen. Auf seinem Weg prüft er aufmerksam die verschneite Umgebung. Und tatsächlich: Plötzlich zieht ihm ein fremder Duft in die empfindliche Nase. Es ist eindeutig der Geruch eines Wolfs, aber er gehört zu keinem seiner Familienmitglieder. Nervös heult der junge Wolf, um Kontakt zu seinem Rudel aufzunehmen. Aus unterschiedlichen Richtungen erhält er eine Antwort. Der junge Wolf hält kurz inne, aber dann beschließt er, dass keine Zeit ist, um auf die anderen zu warten. Er nimmt all seinen Mut zusammen und läuft dem Geruch nach.

So markiert der Wolf sein Revier:

1 *Duftdrüsen an den Pfoten*

2 *Urin*

3 *Kot*

Scharren und Kratzen

Nach dem Markieren mit Urin oder Kot scharren und kratzen Wölfe oft mit den Pfoten an der Stelle, um die Markierung zu verstärken. Sie besitzen nämlich Duftdrüsen an den Pfoten, die zusätzlich einen Geruch hinterlassen.

DEN EINDRINGLING VERTREIBEN

Der junge Wolf fühlt sich angespannt bis in die letzten Härchen seiner Schwanzspitze. Ein ganzes Stück muss er durch den hohen Schnee stürmen, bevor er an einen freigeräumten Weg kommt. Hier fällt ihm das Laufen leichter. Und dann, von einer Sekunde zur anderen, steht er ganz still. Dahinten ist er! Ein fremder Wolf, der genüsslich große Stücke aus einem Hasen reißt, den er offenbar gerade erlegt hat. Und das im Revier seines Rudels! Der junge Wolf heult los, aber seine Familie, die er gerade rufen will, läuft schon hinter ihm aus dem Wald. Sie ist ihm gefolgt.

Im fremden Revier gejagt: Der Eindringling lässt sich einen Hasen schmecken.

Friedliche Tiere

Unter Wölfen kommt es äußerst selten zu Auseinandersetzungen. Will ein Eindringling trotz aller Drohungen nicht aus dem Revier weichen, kann das aber zu heftigen Kämpfen führen.

Keine Kämpfe im Rudel

Innerhalb des Rudels bleibt es meist friedlich – jedenfalls dann, wenn die Wölfe in Freiheit leben. Da durch die Familienstruktur ein klarer Rudelaufbau vorgegeben ist, gibt es nur selten Rangeleien um die Rangordnung.

Das regle ich schon, scheint der Vater zu sagen und geht langsam auf den Fremden zu. Er stellt seinen Schwanz auf, bleckt die Zähne und macht sich so groß wie nur möglich. Dabei knurrt er drohend. Verschwinde aus meinem Territorium! Lass unsere Beutetiere in Ruhe! Doch der fremde Wolf zeigt keine Angst, er knurrt zurück. Da folgt das Rudel dem Vater und der andere spürt, dass er keine Chance hat. Er duckt sich, legt die Ohren an, zieht den Schwanz ein und läuft davon.

In Zoos und Wildparks gibt es gelegentlich Streit zwischen Wölfen, da geschlechtsreife Tiere nicht abwandern können.

KÄMPFE ZWISCHEN WÖLFEN KOMMEN SELTEN VOR

WOLF UND MENSCH

Als ich von unserem Klassenausflug zurück nach Hause kam, war ich so geschafft, dass ich mich am liebsten sofort ins Bett verkrochen hätte. Aber aus der Küche duftete es verlockend nach Papas berühmter Tomatensoße und so setzte ich mich doch noch zu meinen Eltern an den Tisch, um eine große Portion Spaghetti zu verdrücken. Dabei berichtete ich ihnen von meinen nächtlichen Erlebnissen und meinem Plan: Ich wollte einen Artikel über Wölfe für die Kinderbeilage unserer Lokalzeitung schreiben. „Gute Idee, Nele! Da solltest du morgen mal bei Onkel Peter vorbeischauen“, meinte Mama. „Er kann dir zu diesem Thema bestimmt viel Spannendes erzählen.“

GUTER HERDENSCHUTZ

Stimmt, Onkel Peter war ja Schäfer! Und hatten die nicht so ihre Probleme mit Wölfen? Ich rief ihn sofort an und wir verabredeten uns für den kommenden Nachmittag. Als ich gleich nach der Schule bei Onkel Peter ankam, fand ich ihn nahe seines Hofes bei seiner Schafherde. Das Wetter war herrlich und die Schafe standen friedlich in der Sonne. Vor nicht allzu langer Zeit waren Lämmchen geboren worden. Wie niedlich sie waren, mit dem weichen Fell und den dunklen Knopfaugen! Hier würde doch wohl kein Wolf vorbeikommen, um so ein süßes kleines Tierchen zu fressen?

„Bei mir ist das glücklicherweise noch nicht passiert, aber es kommt tatsächlich vor, dass Wölfe sich Schafherden nähern und einzelne Tiere reißen", erklärte Onkel Peter. „Oje, die armen Schafe", seufzte ich. „Und die armen Schäfer!", antwortete mein Onkel. „Für den Schäfer bedeutet der Verlust eines Tieres nämlich immer auch, dass er mit dem Tier kein Geld mehr verdienen kann, also finanziellen Schaden."

„Kann man dagegen denn etwas tun? Zum Beispiel die Wölfe jagen?" Ich kramte mein Notizbuch aus der Schultasche, um die Antwort zu notieren.

Verteidigung

Im Gegensatz zu Hütehunden halten Herdenschutzhunde Schafe nicht nur zusammen, sondern verteidigen sie gegen Eindringlinge. Das können andere Tiere sein, aber auch Menschen, die sie nicht kennen.

1 *Kangal*

2 *Pyrenäen-Berghund*

3 *Kaukasischer Owtscharka*

4 *Maremmen-Abruzzen-Schäferhund*

5 *Kuvasz*

Jagen darf man Wölfe auf keinen Fall", erklärte Onkel Peter, „sie waren in Europa so gut wie ausgerottet und sind heute streng geschützt. Und es würde den Schafen auch überhaupt nichts nützen, wenn wir einzelne Wölfe erschießen. Man muss eben versuchen, seine Herde so gut wie möglich zu sichern." Er deutete auf seine großen Hunde, die friedlich die Schafe beobachteten. „Das sind spezielle Herdenschutzhunde. Die sehen zwar jetzt entspannt aus, aber wenn sich den Schafen Feinde wie Wölfe oder Füchse nähern, können sie ganz schön sauer werden. Dann reicht ihre imposante Größe meist aus, um die Eindringlinge in die Flucht zu schlagen. Außerdem braucht man unbedingt einen Elektrozaun, den die Wölfe nicht überwinden können."

Herdenmitglied

Herdenschutzhunde wachsen bei den Schafen auf und betrachten sich deshalb als Mitglied der Schafherde.

Auch Lamas können zum Herdenschutz eingesetzt werden. Bei Gefahr flüchten sie nicht, sondern vertreiben den Angreifer mit lautem Stampfen, Treten und Beißen.

ANGST VOR DEM „BÖSEN WOLF“

Nach meinem Besuch bei Onkel Peter schaute ich bei meiner Oma vorbei. Schließlich hatte ich früher ganze Regennachmittage auf ihrem Schoß verbracht, nahe am gemütlich knisternden Kamin, und mich zu ihren Märchen ein wenig gegruselt. Meist war der böse Wolf darin vorgekommen, zum Beispiel als verkleidete Großmutter bei „Rotkäppchen“ oder als gieriger Vielfraß, der die sieben Geißlein verschlingt. „Als diese Märchen entstanden“, erklärte mir meine Oma jetzt, „hatten die Menschen große Angst vor Wölfen. Vor allem die Landbevölkerung war arm, und es fehlte an Wissen und Möglichkeiten, die Nutztiere zu schützen. Wenn ein Wolf ein Tier riss, konnte das für eine Familie, die zum Beispiel vom Verkauf von Ziegenmilch und Käse lebte, sehr schlimm sein. Der schlechte Ruf der Wölfe spiegelt sich in den Geschichten wider, die sich die Menschen erzählten und irgendwann aufschrieben.“

„Haben die Menschen sie dann aus Angst ausgerottet?“, fragte ich, denn ich erinnerte mich, dass Onkel Peter davon gesprochen hatte. „Richtig“, antwortete meine Oma. „Wölfe wurden so lange gejagt, bis vor ungefähr 200 Jahren in ganz Europa kaum noch einer übrig war. In Deutschland war der Wolf sogar komplett ausgerottet. Schön, dass das heute anders ist, findest du nicht auch?“

Wolf? Mensch?
Oder beides?
– Ein Werwolf!

Symbol für das Böse

Im Mittelalter entstand aus den Ängsten der Menschen ein extrem negatives Wolfsbild. Der Wolf verkörperte Verschlagenheit und Habgier und wurde sogar mit dem Teufel und Hexen in Verbindung gebracht.

WOLFSMENSCHEN

Ich überlegte laut: „Gibt es denn gar keine schönen Wolfsgeschichten?“ Oma dachte eine Weile nach. Schließlich erschien ein zufriedener Ausdruck auf ihrem Gesicht. „Doch“, erwiderte sie. „Habe ich dir jemals von Wolfskindern erzählt?“ Ich schüttelte den Kopf und war richtig gespannt. Doch die alte Dame kochte uns erst einmal eine dampfende Tasse Kakao, bevor sie es sich wieder in ihrem Sessel gemütlich machte, um mir von diesen geheimnisvollen Kindern zu berichten. „Nun, es gibt verschiedene Legenden, Mythen und Geschichten. Sie erzählen von Menschenkindern, die nicht von ihren Eltern, sondern von Wölfen aufgezogen wurden.“
Oh, davon hatte ich gehört. „So wie Mogli im Dschungelbuch!“, warf ich ein.
„Ganz genau“, schmunzelte Oma und fügte dann hinzu: „Auch Romulus und Remus sind so ein Beispiel. Allerdings ein viel, viel älteres. Daran kann man sehen, dass die Menschen schon seit langer Zeit vieles über Wölfe wissen. Auch, dass diese Tiere sehr soziale Wesen sind, die in engen Familienverbänden leben.“

Nicht immer böse

Eine positive Sichtweise auf den Wolf finden wir in der Antike. Romulus und Remus, in der römischen Mythologie die Begründer des alten Roms, wurden der Legende nach von einer Wölfin gesäugt.

Das berühmte Kunstwerk mit der Wölfin kann man in den Kapitolinischen Museen in Rom bewundern.

Im „Dschungelbuch“ des britischen Autors Rudyard Kipling wird die Geschichte des Findelkindes Mogli aus der Sicht des Panthers Baghira erzählt. Baghira findet das verlassene „Menschenjunge“ im Dschungel und bringt es bei einer Wolfsfamilie unter. Dort lebt Mogli, bis er zehn Jahre alt ist.

Wahre Geschichten

Kinder, die mit Wölfen leben, begegnen uns nicht nur in Mythen und Legenden. Immer wieder gibt es reale Berichte über Kinder, die angeblich von Tieren großgezogen wurden.

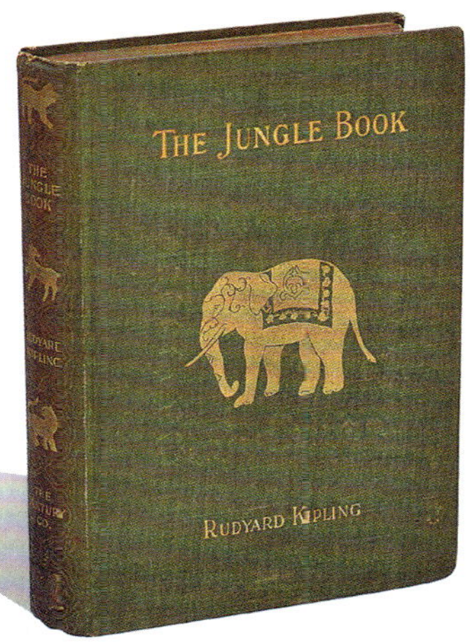

Einband der Erstausgabe New York, 1894

ROTKÄPPCHEN

Ein Märchen nach den Brüdern Grimm

Es war einmal ein Mädchen, das hatte eine Großmutter, die es sehr liebte. Die Großmutter hatte ihr einst ein rotes Käppchen geschenkt. Da das Mädchen fortan nichts anderes mehr auf dem Kopf tragen wollte, wurde es bald von allen „Rotkäppchen" genannt. Eines Tages schickte die Mutter Rotkäppchen zum Haus der kranken Großmutter. Sie sollte ihr einen Korb voller Leckereien bringen. „Sprich nicht mit Fremden und weiche niemals vom Weg ab", warnte die Mutter sie. Doch als Rotkäppchen auf ihrem Weg durch den Wald einem Wolf begegnete, hörte sie nicht auf ihre Mutter und unterhielt sich mit ihm – sie wusste ja nicht, welch böses Tier sie da vor sich hatte!

Der Wolf horchte Rotkäppchen aus. Was denn in ihrem Korb sei? Und wohin sie gehe? Wo denn die Großmutter wohne? Rotkäppchen berichtete nur zu gerne, und nachdem der Wolf alles erfahren hatte, brachte er Rotkäppchen auf die Idee, der Großmutter noch einen herrlichen Blumenstrauß zu pflücken.

Dann machte der Wolf sich flink auf den Weg zur Großmutter, drang in ihr Haus ein, fraß die alte Dame auf und legte sich mit ihrem Nachthemd und ihrer Haube bekleidet anstelle der Großmutter ins Bett.

Als Rotkäppchen das Haus schließlich betrat, beäugte sie das Bett ängstlich. „Großmutter, was hast du für große Ohren!", rief sie erstaunt. – „Damit ich dich besser hören kann!", antwortete der verkleidete Wolf. – „Was hast du für große Augen!" – „Damit ich dich besser sehen kann!" – „Was hast du für große Hände!" – „Damit ich dich besser packen kann!" – „Aber, Großmutter, was hast du für ein entsetzlich großes Maul!" – „Damit ich dich besser fressen kann!"

Den letzten Satz brüllte der Wolf und verschlang das arme Rotkäppchen mit einem Happs. Dann schlief er ein.

Was war es für ein Glück, dass bald der Jäger am Haus vorbeikam. Als er lautes Schnarchen hörte, kam er herein, fand den Wolf im Bett und befreite Rotkäppchen und die Großmutter aus seinem Bauch.

Märchensammler

Jakob Grimm (1785–1863) und Wilhelm Grimm (1786–1859) waren Sprachwissenschaftler. Sie ließen sich unzählige Märchen erzählen, schrieben sie auf und veröffentlichten sie dann als „Kinder- und Hausmärchen der Brüder Grimm".

DIE BRÜDER GRIMM

Sie sammelten über 200 Märchen, darunter *Schneewittchen*, *Hänsel und Gretel* und *Rotkäppchen*.

1

Der Wolf kommt auch in vielen anderen Fabeln und Erzählungen vor. Im Musikmärchen „Peter und der Wolf" des russischen Komponisten Sergei Prokofjew wird die Musik immer düster und bedrohlich, wenn der Wolf erscheint.

1 *Der Hirtenjunge und der Wolf,* Äsop
2 *Das Lamm und der Wolf,* Äsop
3 *Der Wolf und die sieben jungen Geißlein,* Brüder Grimm
4 *Peter und der Wolf,* Sergei Prokofjew

2

3

4

NACHMITTAG IM ZOO

Ein paar Meter entfernt rauften einige Wölfe miteinander. Die waren ja viel größer, als ich sie mir vorgestellt hatte! Auch wenn die Wölfe mich überhaupt nicht beachteten, war ich ziemlich froh, dass uns ein hoher Zaun und ein Graben voneinander trennten. Ich stand nämlich im Zoo. Nachdem ich schon so viel über Wölfe erfahren hatte, wollte ich nun endlich welche sehen. „Polarwölfe. *Canis lupus arctos*. Verbreitung: Grönland, Kanada, Alaska", las ich auf einem am Gehege befestigten Schild. „Die sind ja wirklich riesig!", dachte ich laut. „Es gibt aber auch kleinere Arten", antwortete eine sympathische Stimme neben mir. „Das sind zum Beispiel die Arabischen Wölfe." Die Stimme gehörte einer Tierpflegerin, die, einen großen Eimer voller Futter in den Händen, stehen geblieben war. „Sie leben in bestimmten Wüstengebieten." Ich freute mich, schon wieder jemanden gefunden zu haben, der mir mehr über Wölfe berichten konnte. „Ich wusste gar nicht, dass es so viele verschiedene Arten von Wölfen gibt", staunte ich. „Ja, man unterscheidet 13 Unterarten. Neben dem Europäischen Wolf, der in unseren Breiten lebt, zum Beispiel Timberwölfe. Sie kommen in Nordamerika vor", erklärte die Tierpflegerin.

Ein erwachsener Wolf benötigt etwa 2 bis 4 Kilogramm Fleisch pro Tag.

TIMBERWOLF
(Canis lupus lycaon)

POLARWOLF
(Canis lupus arctos)

ARABISCHER WOLF
(Canis lupus arabs)

EUROPÄISCHER WOLF
(Canis lupus lupus)

Der Timberwolf ist die größte Wolfsart, der Arabische Wolf die kleinste.

Vielfalt

In vielen Teilen der Welt leben Wölfe. Sie haben sich an die Lebensbedingungen der jeweiligen Region angepasst. So sind viele verschiedene Unterarten entstanden.

WOLF UND HUND

Ein Mann blieb am Wolfsgehege stehen. Er führte einen Hund an der Leine, der die Wölfe aufmerksam beäugte. Es war ein niedlicher kleiner Pudel, der den prächtigen Polarwölfen nun wirklich überhaupt nicht ähnlich sah. Ob er trotzdem eine Verbindung zu ihnen spürte? „Wenn man diesen kleinen Kerl sieht, würde man nicht denken, dass er eng mit den Wölfen dort drüben verwandt ist, oder?“, schmunzelte der Hundebesitzer, der meinen amüsierten Blick auf das wuschelige Hündchen bemerkt hatte. „Und doch haben sie dieselben Vorfahren“, fügte ich hinzu. So viel wusste ich bereits aus dem Biologieunterricht. „Ganz genau, und das merkt man auch. Mein kleiner Pauli sieht zwar niedlich aus, aber er kann auch ganz schön wild sein. Außerdem ist er ein treues Rudeltier. Für mich und meine Frau würde er alles tun. Genau wie ein Wolf für seine Familie.“

„Und ich wette, er kann auch genauso schön heulen wie ein Wolf“, warf die Tierpflegerin ein. „Einige Hunde ähneln dem Wolf aber nicht nur in ihren Verhaltensweisen, sondern auch äußerlich. Und zwar so stark, dass man sie meist kaum voneinander unterscheiden kann.“

Wolfshunde

Manche Hunderassen ähneln dem Wolf so sehr, dass es zu Verwechslungen kommt. Immer wieder liest man in der Zeitung von Begegnungen zwischen Menschen und Wölfen. Oft erweisen sich die vermeintlichen Wölfe aber bei genauerer Untersuchung als Wolfshunde.

Zum Verwechseln ähnlich: Den Wolf erkennst du an den kleineren, dreieckigen Ohren, der hellen Schnauze, den hohen Beinen und dem dunklen Sattelfleck am Rücken.

Hunde heulen zum Beispiel, wenn sie ihre Familie vermissen und sie herbeirufen wollen oder ihr Revier verteidigen. Ähnlich wie bei den Wölfen, oder?

Bei den Wölfen bellen hauptsächlich die Welpen, um etwa Angst oder Hunger auszudrücken.

Bellen hinterm Gartenzaun

Wenn sich ein Unbekannter einem Grundstück nähert, auf dem ein Hund lebt, wird er meist mit Bellen empfangen, denn so verteidigen Hunde ihr Revier. Dieses Verhalten haben sie von den Wölfen geerbt, die zu diesem Zweck allerdings heulen.

Aufmerksam

Drohend

Unterwürfig

Wachsende Drohung und Angst

Besorgt

Sehr starke Drohung und Angst

GESICHTS-AUSDRÜCKE

BEI DEN WOLFSFORSCHERN

Als ich mein Fahrrad am Waldrand abstellte, klopfte mein Herz nicht nur vor Anstrengung. Ich war ein bisschen nervös, denn ich durfte eine Wolfsforscherin und ihren Kollegen in den Wald begleiten. Ob wir einen echten Wolf sehen würden? „Eher nicht", vermutete die Forscherin, nachdem wir uns begrüßt hatten und ich vor Aufregung sofort mit meiner Frage herausgeplatzt war. „Wolfsbegegnungen sind unheimlich selten. Wir haben es hier mit sehr scheuen Wesen zu tun." – „Und wenn es trotzdem passiert?", wollte ich wissen. „Dann sollte man Abstand halten und sich ganz langsam und ruhig zurückziehen oder den Wolf durch Rufen oder lautes Klatschen vertreiben. Nur wegrennen sollte man nicht. Und man darf den Wolf auf keinen Fall füttern. Denn dann wird er weiterhin die Nähe von Menschen suchen und es könnte doch zu brenzligen Situationen kommen."

SPURENSUCHE

Wolfsforscher bei der Arbeit

Alle Funde werden dokumentiert.

Sammeln von Informationen

Das systematische Beobachten und Überwachen von Wölfen über einen längeren Zeitraum hinweg nennt man Monitoring.

WOLFSLOSUNG

Nachdem wir eine Weile durch den Wald gelaufen waren, bückte sich der Forscher: „Schau mal, was für ein Glück, hier liegt Wolfskot. Und der ist sogar noch recht frisch", stellte er zufrieden fest. „An den Haaren und Knochenresten in der Losung können wir erkennen, wovon der Wolf sich ernährt."

Iihh, dachte ich insgeheim, setzte aber ein beeindrucktes Gesicht auf. „Nun wissen wir, dass hier vor Kurzem ein Wolf vorbeigekommen sein muss."

WOLFSMONITORING

Als wir einige Meter weiter Spuren auf einer sandigen Stelle des Waldbodens entdeckten, wurde mir ein wenig mulmig. War tatsächlich ein Wolf in der Nähe? „Heute ist unser Glückstag“, freute sich die Wolfsexpertin. „Könnte das nicht auch ein großer Hund gewesen sein?“, fragte ich und wusste nicht recht, ob ich dann enttäuscht oder erleichtert gewesen wäre. „Tatsächlich ist der Unterschied nur schwer zu erkennen, da die Pfoten von großen Hunden genauso aussehen können wie Wolfspfoten. Ich vermute aber, dass es sich hier um eine Wolfsspur handelt. Hunde wuseln häufig im Zickzack umher, während Wölfe zielstrebig geradeaus traben. So wie hier.“

Fotobeweis

Mithilfe von in Wolfsrevieren installierten Kameras erhalten Biologen zum Beispiel Informationen darüber, wie viele Wölfe in der Umgebung leben oder ob Welpen geboren wurden.

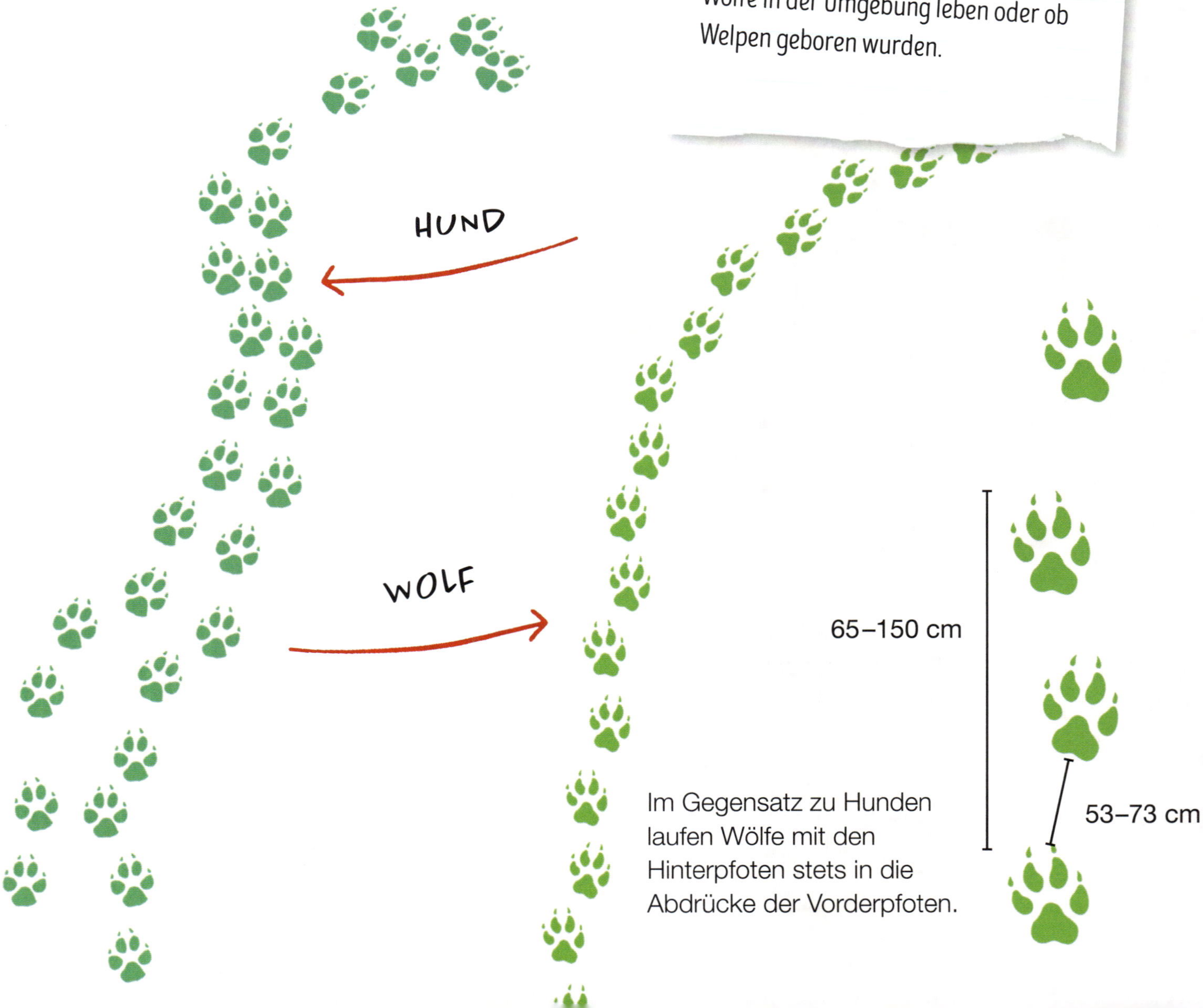

Im Gegensatz zu Hunden laufen Wölfe mit den Hinterpfoten stets in die Abdrücke der Vorderpfoten.

DAS SENDERHALSBAND STÖRT DEN WOLF NICHT

Senderhalsband

Manchmal werden Wölfe eingefangen und unter Betäubung mit einem Minisender ausgestattet, der den Forschern per Funk laufend Informationen über den Standort des Wolfs übermittelt.

Von einer Waldlichtung aus durfte ich mit einem Fernglas die Umgebung absuchen. Weit und breit war kein Wolf zu sehen. „Komm mit, wir schauen mal, ob wir dir trotzdem einen der Wölfe zeigen können, die in der Gegend leben.“ Ich folgte der Forscherin bis zu einer Kamera, die an einem Baum installiert war. „Die Kamera hat einen Wärmesensor und fotografiert automatisch jedes Tier, das hier vorbeikommt“, erklärte die Forscherin. An ihrem Laptop konnten wir die Bilder sofort ansehen. Und tatsächlich! Neben ein paar Fotos von Kaninchen und Hasen fanden wir auch welche von einem Wolf, der vor einigen Nächten an der Kamera vorbeigelaufen war. Wolfsmonitoring nannte man das, was die Forscher machten, erklärte sie mir. Das war wichtig, um die Anzahl der Tiere in einem Revier im Auge zu behalten und die Reviergrenzen und Wanderbewegungen der Wölfe zu erkennen.

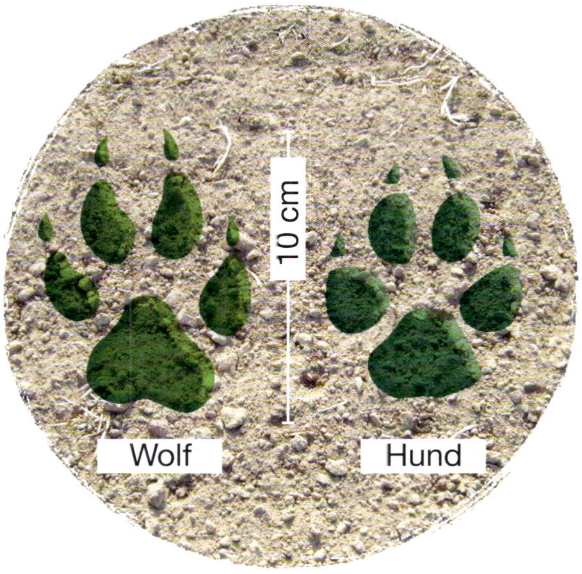

Spurenvergleich

AUF WANDERSCHAFT

Ein neuer Frühling hat in den Wald Einzug gehalten, mit saftig grünen Bäumen, Blumen in den leuchtendsten Farben und fröhlich zwitschernden Vögeln. Trotzdem fühlt sich der junge Wolf seit einiger Zeit nicht richtig wohl in seiner Haut. Er ist unruhig. Immer häufiger und länger zieht es ihn fort von den Eltern, auf die Wanderschaft. Bisher ist er immer zurückgekehrt. Im Gegensatz zu seinen beiden Brüdern und seiner Schwester. Sie waren irgendwann einfach fort, jeder auf der Suche nach einer eigenen Familie. Jetzt spürt der junge Wolf, dass auch für ihn der Zeitpunkt gekommen ist. Er ist fast zwei Jahre alt. Einmal noch leckt er seinen Eltern über die Schnauzen, und schaut auf seine spielenden jüngeren Geschwister. Und dann, nach einem letzten Blick über die Schulter, trabt er los. Voller Kraft und Energie macht sich der junge Wolf auf den Weg in unbekannte Gebiete des Waldes. Jetzt ist er richtig erwachsen.

DER JUNGE WOLF VERLÄSST DAS RUDEL

Die Sonne steht jeden Tag hoch am Himmel und wärmt immer stärker. Längst hat der junge Wolf den bekannten Teil des Waldes hinter sich gelassen, ist über Wiesen getrabt, hat nachts, von den Menschen unbemerkt, Dörfer durchstreift und ist nun in einem Waldstück angekommen, das ihm gut gefällt. Dem Geruch nach scheint es hier viele Beutetiere zu geben. Er ist oft hungrig, denn allein gelingt es ihm nur, kleinere Tiere wie Hasen zu jagen. Vor einigen Tagen hatte er Glück, am Straßenrand lag ein verendetes Wildschwein, das er sich sofort hat schmecken lassen. Zufrieden erkundet er die Umgebung. Aber nein, jetzt kann der junge Wolf es riechen: Hier ist er nicht willkommen. Ein anderer Wolf, ganz klar ein Rüde, hat hier bereits sein Revier markiert. Also trabt er enttäuscht weiter, weiter und immer weiter. Es wird hell, dunkel und wieder hell, bis er schließlich zu einer freundlichen Waldlichtung kommt. Und hier findet er einen ganz wunderbaren Duft. Einen so guten Duft, wie er ihn noch nie zuvor gerochen hat: Er riecht den Urin eines geschlechtsreifen Wolfsweibchens. Der junge Wolf heult begeistert und erhält sogar eine Antwort. Was für eine schöne Stimme! Er muss sofort zu ihr!

Abschied

Normalerweise verlassen Wölfe im Alter von ein bis zwei Jahren das Rudel, um eine eigene Familie in einem eigenen Revier zu gründen. Nur in Gegenden mit besonders großen Beutetieren wie Bisons oder Elchen wandern sie nicht ab, da sich von vielen Tieren dieser Größe auch viele Wölfe ernähren können.

ALLEIN UNTERWEGS

Wölfe schöpfen das Wasser mit der Zunge in den Mund, um es dann zu schlucken.

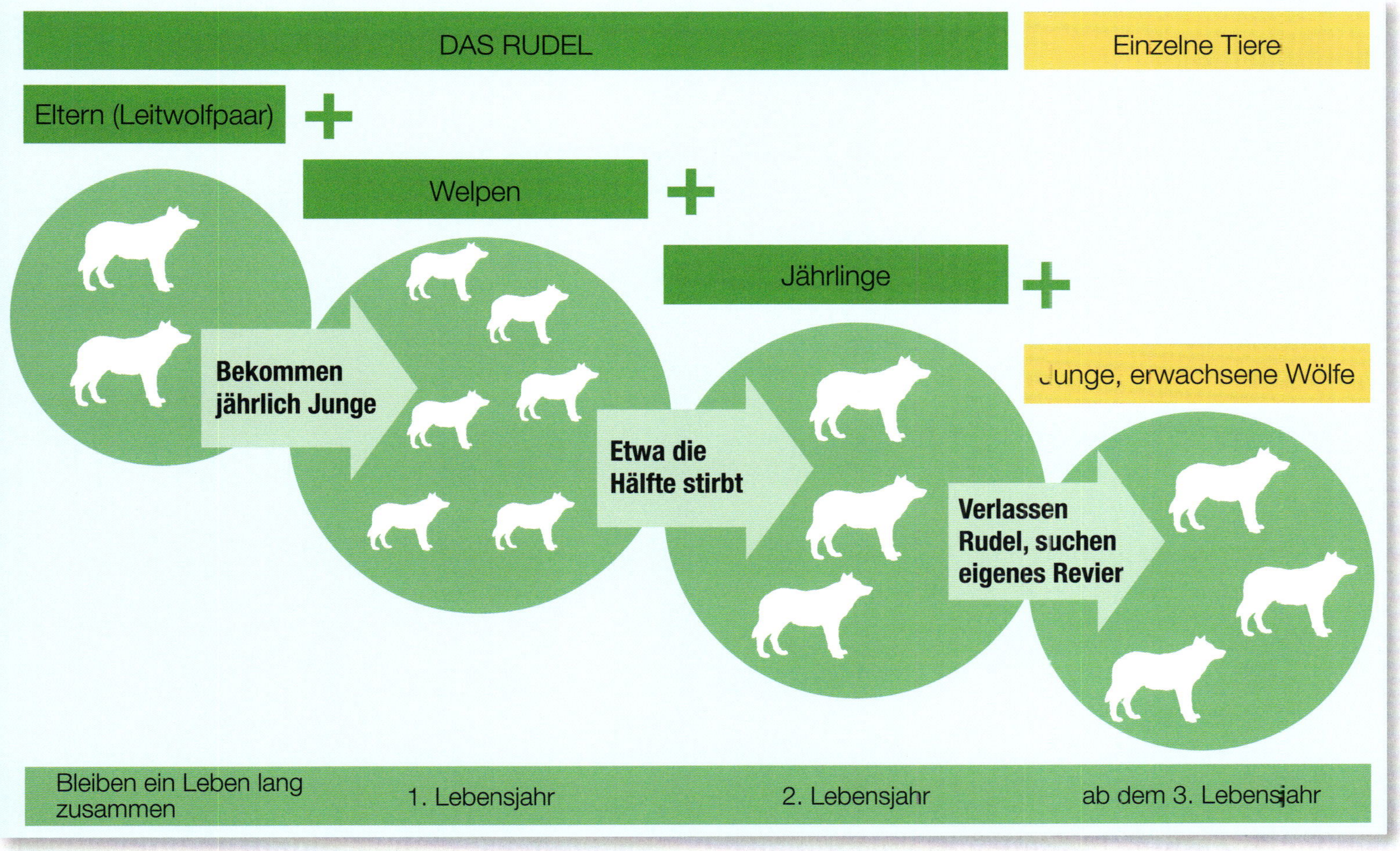

EIN NEUES RUDEL ENTSTEHT

Der junge Wolf nimmt die Fährte der Fähe auf. Gespannt folgt er ihrem Duft, bis er sie irgendwann endlich erreicht: In einem besonders schönen Waldstück mit sanften Hügeln und hohen alten Bäumen hat es sich eine junge Wölfin im Schutz eines Felsens bequem gemacht. Als sie den jungen Wolf bemerkt, springt sie sofort auf. Gespannt beäugen die beiden einander. Dann laufen sie aufeinander zu und beschnüffeln sich ausgiebig.

Der Wolf nimmt die Witterung einer Artgenossin auf.

Nicht gern allein

Wölfe bleiben nur vorübergehend Einzelgänger, so lange, bis sie einen geeigneten Partner gefunden haben. Am liebsten sind sie im Rudel unterwegs.

Nachdem sie sich gefunden haben, bleiben Wölfe meist ein Leben lang zusammen.

Immer wieder wendet sich die Wölfin ab und scheint zu flüchten, der junge Wolf folgt ihr fröhlich. So geht das eine ganze Weile, bis irgendwann klar ist: Ja, sie mögen einander. Beide sind geschlechtsreif und noch ohne Partner. Sie bleiben zusammen. Hier soll ihr Revier beginnen, sie können keine anderen Wölfe riechen. Im Winter werden sie sich paaren und im nächsten Frühling eine kleine Familie sein.

Der junge Wolf hat seine Wölfin gefunden. Bald werden die beiden eine neue Generation von Wölfen großziehen.

NELES ARTIKEL

Nele hat jede Menge Informationen für ihren Artikel gesammelt. Es gibt ja so viele spannende Themen rund um die Wölfe!

Nun hat Nele allerhand zu tun: Sie sortiert ihre Notizen, überlegt, worum ihr Artikel sich genau drehen soll, und erstellt sogar eine Mindmap, um bei all den verschiedenen Fakten die Übersicht zu behalten. Und dann wird geschrieben!

Möchtest du Nele helfen? Oder sogar deinen eigenen Artikel verfassen? Dann schau auf die Seite 91.

Die Wölfin, Romulus und Remus

Die meisten Wolfswelpen werden mit blauen Augen geboren!

Eine positive Sichtweise auf den Wolf finden wir in der Antike. Romulus und Remus wurden der Legende nach von einer Wölfin gesäugt.

SPUREN DES WOLFS

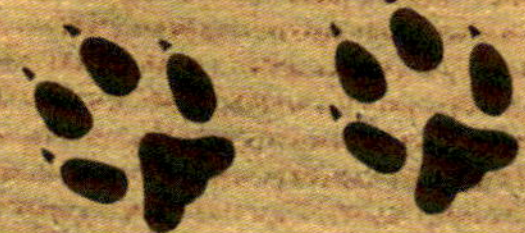

So markiert der Wolf sein Revier.

Europäischer Wolf
Canis lupus lupus

Wölfe können das Heulen eines Artgenossen bis zu 10 Kilometer weit hören.

Wölfe können am Tag 50 bis 75 Kilometer zurücklegen.

GEBISS EINES WOLFS

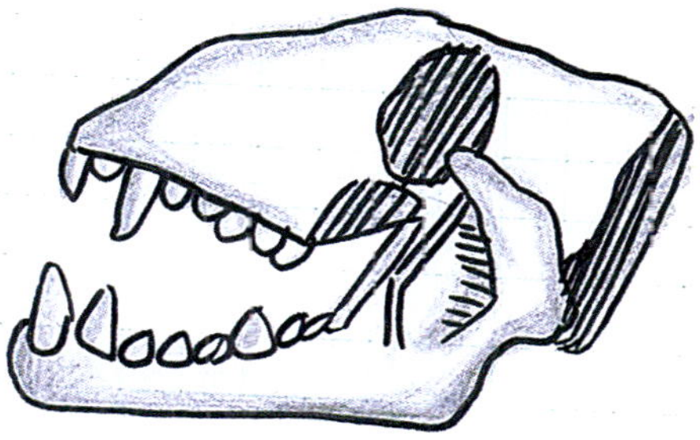

EIN WERWOLF!

Im Mittelalter entstand aus den Ängsten der Menschen ein extrem negatives Wolfsbild. Der Wolf verkörperte Verschlagenheit und Habgier und wurde sogar mit dem Teufel und Hexen in Verbindung gebracht.

NOTIZEN

Erst einmal sieht Nele ihre Notizen durch. Welche sind wohl für ihren Artikel am interessantesten?

1

Entwicklung des Wolfs

- Vor etwa 55 Millionen Jahren lebten auf der Erde die ersten Säugetiere. Dank ihrer starken Fangzähne konnten sie andere Tiere als Beute erlegen.
- Vor etwa 15 Millionen Jahren lebte *Tomarctus*, den viele Forscher für den eigentlichen Vorfahren des Wolfs halten.
- *Tomarctus* ist der Stammvater aller weiteren hundeartigen Tiere, die die Wissenschaftler *Canidae* nennen.

2

Wo lebt der Wolf?

Wölfe können sich gut an unterschiedliche Umgebungen anpassen, von Polargebieten bis zu Wüsten. Viele Wölfe gibt es in Nordamerika, Sibirien, auf dem Balkan und in Osteuropa. Früher war der Wolf das am weitesten verbreitete Landsäugetier der Erde. Er wurde aber vom Menschen aus vielen Gegenden vertrieben oder sogar ganz ausgerottet. In manche Gebiete ist der Wolf inzwischen aber zurückgekehrt.

3

Tiere, die sich aus dem *Tomarctus* entwickelt haben:

- Wolf
- Kojote
- Fuchs
- Schakal

4

Wolfsarten

Neben dem Europäischen Wolf gibt es noch viele andere Wolfsarten, die in verschiedenen Gegenden der Welt leben, von ganz kalten Regionen nahe dem Nordpol bis hin zu Wüsten in Afrika.

Zum Beispiel:

- Italienischer Wolf, Mexikanischer Wolf
- Mackenzie Wolf, Tundrawolf

5

ARABISCHER WOLF

Größe (Rüde): bis zu 65 cm hoch, bis zu 100 cm lang, ca. 18 kg schwer
Fell: kurz und dünn, braun
Verbreitung: Wüstengebiete in Saudi-Arabien, Jemen, Oman, Syrien, Jordanien, Israel
Speiseplan: Aas, Insekten, Abfälle, Kleinsäugetiere u. a.
Besondere Merkmale: große Ohren

6

TIMBERWOLF

Größe (Rüde): bis zu 90 cm hoch, bis zu 150 cm lang, ca. 45 kg schwer
Fell: unterschiedliche Schattierung, schwarz, braun, grau oder weiß.
Verbreitung: Teile Kanadas und der USA
Speiseplan: Elche, Rentiere u. a.
Besondere Merkmale: hat mehrere Unterarten

7

POLARWOLF

Größe (Rüde): bis zu 80 cm hoch, bis zu 150 cm lang, bis zu 80 kg schwer
Fell: besonders dicht und lang, verschiedene Weißtöne
Verbreitung: Teile Grönlands, Kanadische Arktisinseln, Alaska
Speiseplan: Schneehasen, Rentiere, Moschusochsen u. a.
Besondere Merkmale: Da ein einzelner Wolf unter den harten Bedingungen der Arktis nie überleben könnte, ist der Zusammenhalt im Rudel besonders stark ausgeprägt.

GEDANKEN SAMMELN

Nele hat sich all ihre Notizen noch einmal genau angeschaut und entschieden, dass ein wichtiger Teil ihres Artikels sich um das Thema Verwandte des Wolfs und Wolfsarten drehen soll. Bevor sie mit dem Schreiben loslegt, erstellt sie noch eine Mindmap: eine Gedankenlandkarte, damit sie auch keinen wichtigen Punkt vergisst! Sie schnappt sich ein großes Blatt und schreibt in die Mitte, worum es in ihrer Mindmap gehen soll: „Wölfe", so viel ist klar. Dazu schreibt sie „Verwandte" und „Arten". Dann notiert sie, welche Begriffe ihr dazu einfallen. Und immer so weiter:

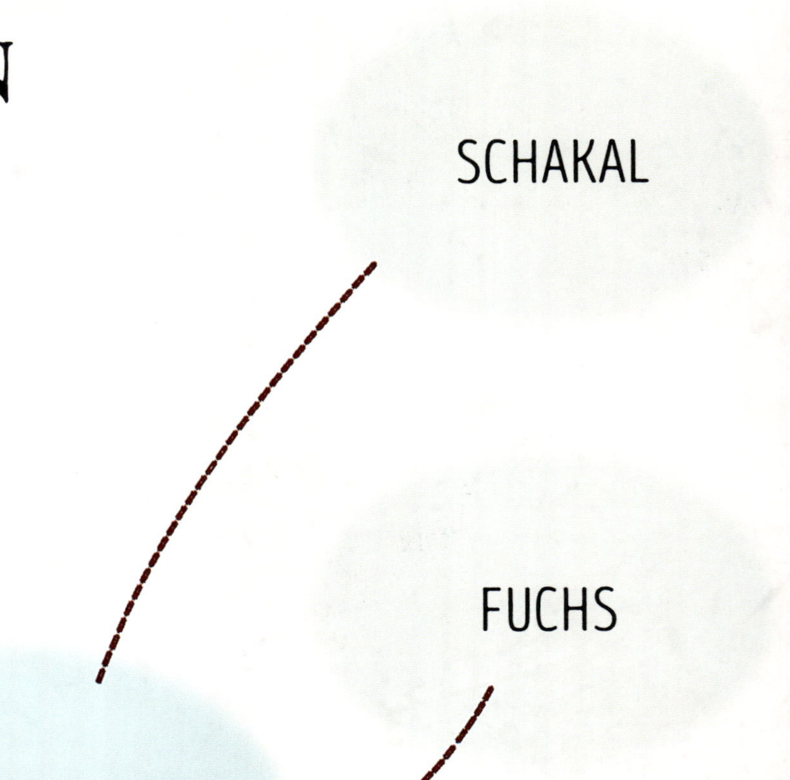

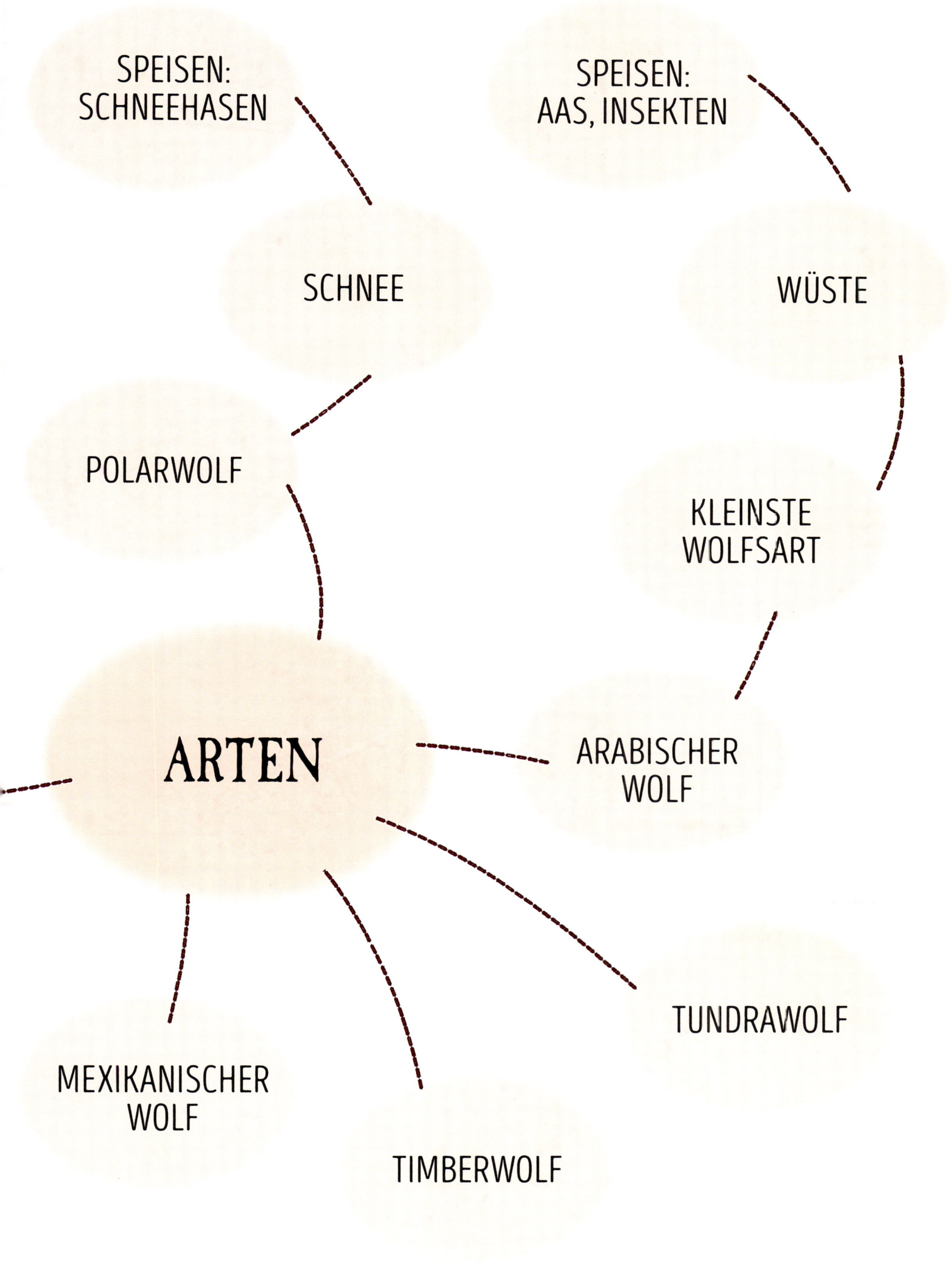
SPEISEN:
SCHNEEHASEN
SPEISEN:
AAS, INSEKTEN
SCHNEE
WÜSTE
POLARWOLF
KLEINSTE
WOLFSART
ARTEN
ARABISCHER
WOLF
TUNDRAWOLF
MEXIKANISCHER
WOLF
TIMBERWOLF

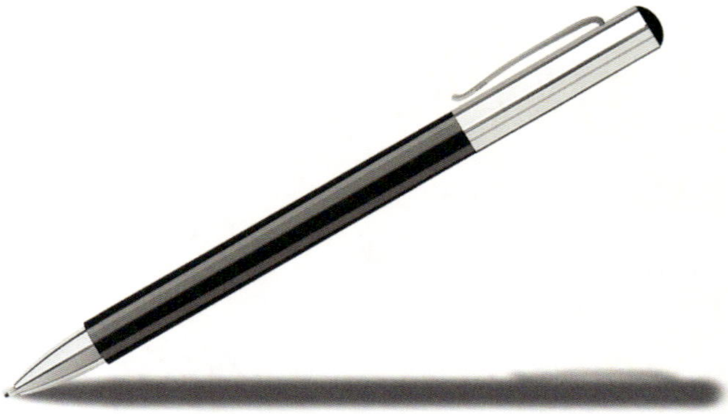

SCHREIBEN!

Jetzt geht es ans Schreiben! Bei einigen Sätzen braucht Nele Unterstützung. Kannst du ihr helfen und die fehlenden Wörter ergänzen?

Vor 200 Jahren waren die Wölfe in Europa so gut wie .... Seit einigen Jahrzehnten kehren sie zurück.

Nur ganz selten bekommen Menschen in der Natur Wölfe zu Gesicht, denn sie sind sehr .... Tiere.

Das Wolfsrudel entspricht einer menschlichen .... Es besteht aus Eltern und ihren Kindern.

Schäfer können ihre .... mit speziellen Hunden und Elektrozäunen vor Wölfen schützen.

Am .... können Wolfsexperten erkennen, was der Wolf gefressen hat.

Ob .... auf dem Waldboden von Hunden oder Wölfen stammen, ist sehr schwer zu erkennen.

Lösungen: ausgerottet; scheue; Familie; Herden; Kot; Spuren.

TITEL

Wie könnte die Überschrift von Neles Zeitungsartikel lauten? Nur eine ist richtig! Außerdem braucht Neles Artikel natürlich auch ein Bild! Welches gefällt dir am besten?

1. Immer mehr Timberwölfe leben in europäischen Wäldern

2. Bei Schäfern beliebt: Der Wolf

3. Der Wolf, ein überzeugter Einzelgänger

4. Geselliges Familientier: Die Wölfe in unseren Wäldern

Lösung: 4

RICHTIG ODER FALSCH?

Nele hatte noch eine tolle Idee: ein Richtig-oder-Falsch-Quiz für die Leser ihres Artikels. Möchtest du es ausprobieren?

1

AUF DEN ESEL GEKOMMEN

Ein Wolf pirscht sich an eine Schafherde heran. Lecker sehen sie aus, diese wolligen Tiere. Und gerade die kleinen, schwachen Lämmchen könnten leichte Beute sein. Aber was ist das für ein grauenhaftes Geräusch? „Iiii-Aaaa!“, brüllt es aus Richtung der Schafe, und dann noch mal: „Iiiii-Aaaa!“ Der Wolf bekommt Angst und läuft weg. Neben Herdenschutzhunden werden manchmal auch Esel zur Sicherung von Schafherden eingesetzt. Sie haben extrem gut ausgebildete Sinne und schlagen lautstark Alarm, wenn sich Feinde der Herde nähern. Kommt der Eindringling trotzdem heran, wehren Esel ihn auch durch Beißen und Fußtritte ab.

☐ Richtig ☐ Falsch

2

MOND ANHEULEN

Ein Wolf sitzt im Mondschein auf einem Felsen, den Kopf weit zurückgelegt, und heult hingebungsvoll den weiß leuchtenden Himmelskörper an. So erzählen es viele alte Legenden und so kann man es tatsächlich immer wieder beobachten.

Das Licht des Mondes setzt im Gehirn des Wolfs Stoffe frei, die ihn glauben lassen, dass sich ein Feind in der Nähe befindet. Um sein Revier zu verteidigen, beginnt der Wolf, aus Leibeskräften zu heulen, und hört damit erst bei Tagesanbruch wieder auf.

☐ Richtig ☐ Falsch

3

STADTWOLF

Es ist Nacht. Ein Wolf streunt durch die Straßen einer kleinen Stadt. Die Mülltonnen duften verführerisch. Der Wolf wühlt sich hindurch. Hier gibt es allerlei leckere Dinge für ihn! Viele Regionen sind von Menschen dicht besiedelt. Wölfe kommen dort trotzdem gut zurecht, da sie sehr anpassungsfähig sind. Vereinzelt trauen sie sich sogar, in Dörfer oder in Vorstädte vorzudringen, und machen sich dort auch gern über die Abfälle der Menschen her.

☐ Richtig ☐ Falsch

4

WOLF-HUND-MISCHLING

Eine Wölfin, die sich zur Ranzzeit auf die Suche nach einem Partner macht, aber anstelle eines Artgenossen nur einen Hund finden kann, bringt zwei Monate später Mischlingswelpen zur Welt. Das ist möglich und so auch bereits passiert.

Wölfe und Hunde können sich miteinander fortpflanzen. Ihre Nachkömmlinge bezeichnet man als Hybriden. Hybriden sind sehr selten, da Wölfe in festen, lebenslangen Partnerschaften leben. Kommen sie doch vor, versucht man, sie in Wildparks zu bringen, damit sie die geschützte Art Wolf nicht gefährden können.

☐ Richtig ☐ Falsch

5

GROSSE OHREN

Es ist heiß. Die Sonne brennt unerbittlich auf die trockene Landschaft nieder. Ein Wolf streift umher. Gespannt stellt er seine enorm großen Ohren auf. Kann er irgendwo ein Krabbeltierchen hören?

Arabische Wölfe leben in der Wüste. Insekten stehen regelmäßig auf ihrem Speiseplan. Da diese besonders leise sind, hat der Arabische Wolf viel größere Ohren als zum Beispiel seine europäischen Verwandten. So kann er sofort hören, wenn sich ein Insekt in der Nähe befindet.

☐ Richtig ☐ Falsch

LÖSUNGEN: 1: Richtig, 2: Falsch. Dass Wölfe den Mond anheulen, ist ein Mythos, der wahrscheinlich dadurch entstanden ist, dass die Menschen den Wolf in hellen Vollmondnächten besser beobachten konnten. 3: Richtig, 4: Richtig, 5: Falsch: Der Arabische Wolf hat zwar tatsächlich überdurchschnittlich große Ohren, sie dienen ihm allerdings in der Wüstenhitze zur Regulierung seiner Körpertemperatur.

ENDLICH!

Endlich, Neles Artikel ist erschienen! Was für ein tolles Gefühl, die Zeitung aufzuschlagen und den eigenen Text darin lesen zu können. Nele ist richtig stolz!

Von unserer Gastautorin NELE NEULES

8

Geselliges Familientier

DIE WÖLFE IN UNSEREN WÄLDERN

Lange gab es in unseren Wäldern keine Wölfe mehr. Wölfe sind Raubtiere, sie ernähren sich von anderen Tieren. Manchmal können das sogar Nutztiere der Menschen sein, zum Beispiel Schafe auf einer Weide. Deswegen galt der Wolf als Feind des Menschen. Auch viele Märchen, in denen der „böse Wolf“ vorkommt, wie im Märchen vom Rotkäppchen, trugen zu dieser Vorstellung bei.

RICHTIG oder FALSCH

Das Wolfsquiz

MOND ANHEULEN

Ein Wolf sitzt im Mondschein auf einem Felsen, den Kopf weit zurückgelegt, und heult hingebungsvoll den weiß leuchtenden Himmelskörper an. So erzählen es viele alte Legenden und so kann man es tatsächlich immer wieder beobachten. Das Licht des Mondes setzt im Gehirn des Wolfes Stoffe frei, die ihn glauben lassen, dass sich ein Feind in der Nähe befindet. Um sein Revier zu verteidigen, beginnt der Wolf, aus Leibeskräften zu heulen, und hört damit erst bei Tagesanbruch wieder auf.

AUF DEN ESEL GEKOMMEN

Ein Wolf pirscht sich an eine Schafherde heran. Lecker sehen sie aus, diese wolligen Tiere. Und

JETZT BIST DU DRAN!

VON

AN CC CCN

BETREFF

Möchtest du versuchen, deinen eigenen Artikel zu schreiben? Stell dir vor, du nimmst an einem Schreibwettbewerb teil und sollst deinen Artikel per E-Mail einschicken. Hier kannst du üben!

In diesem Kapitel findest du viele Anregungen und Ratschläge dazu, wie man einen solchen Artikel verfasst: Material sammeln, mithilfe einer Mindmap Ideen notieren, Bilder aussuchen, Text formulieren ...

Werde selbst Reporterin oder Reporter. Es macht riesengroßen Spaß!

SENDEN SPEICHERN ANLAGEN

MEIN ARTIKEL

Möchtest du für deinen Artikel Notizen machen? Hier findest du ein paar Ideen. Du kannst dir natürlich so viele Zettel anlegen, wie du willst.

1

SO IST EIN WOLFSRUDEL AUFGEBAUT:

....

....

....

....

....

....

....

2

HIER WERDEN DIE WELPEN GEBOREN:

....

....

....

....

....

....

....

3

SO LANGE BLEIBEN JUNGE WÖLFE BEI IHREM RUDEL:

4

DAS PASSIERT, WENN JUNGE WÖLFE IHR RUDEL VERLASSEN:

5

______________________________:

MINDMAP

Vielleicht hilft auch dir eine Mindmap dabei, Ideen für deinen Artikel zu sammeln und zu ordnen. Hier sind einige Beispiele notiert, denen du aber nicht folgen musst.

RUDEL

WELPEN